인간다운 Git

Git for Humans
By A Book Apart
Copyright © 2016 David Demaree
Korean Translation Edition © 2018 by Webactually Korea, Inc.
All Rights Reserved.

이 책의 한국어판 저작권은 저작권자와의 독점 계약으로 웹액츄얼리코리아㈜에 있습니다.
저작권법에 의해 한국 내에서 보호를 받는 저작물이므로 무단전재와 복사·복제를 금합니다.
이 책 내용의 전부 또는 일부를 사용하려면 반드시 저작권자와 웹액츄얼리 북스팀의
서면 동의를 받아야 합니다.

데이비드 디마리　**David Demaree**

인간다운 Git

A BOOK APART | webactually

인간다운 Git

초판 1쇄 발행 2018년 1월 15일

지은이 데이비드 디마리
옮긴이 이태상

책임편집 홍성신
진행 최윤정
교정 정재은
디자인 studio.triangle

펴낸곳 웹액츄얼리코리아㈜
출판등록 제2014-000175호
주소 서울특별시 강남구 논현로 132길 31 EZRA빌딩 4층
전화 (02) 542-0411
팩스 (02) 541-0414

매거진사이트 www.webactually.com
북스웹사이트 books.webactually.com
페이스북 facebook.com/webactually
트위터 @webactually

ISBN 979-11-85885-15-5 93000

※ 잘못되거나 파손된 책은 구입하신 곳에서 교환해드립니다.
※ 정가는 뒤표지에 있습니다.

※ 이 도서의 국립중앙도서관 출판예정도서목록(CIP)은 서지정보유통지원시스템 홈페이지
(http://seoji.nl.go.kr)와 국가자료공동목록시스템(http://www.nl.go.kr/kolisnet)에서
이용하실 수 있습니다. (CIP제어번호: CIP2017035491)

차례

6 | 한국어판 출간에 앞서
7 | 추천의 글

15 | chapter 1
      버전 중심의 사고

31 | chapter 2
      기초

71 | chapter 3
      브랜치

97 | chapter 4
      리모트

123 | chapter 5
       히스토리

156 | 참고 자료
166 | 감사의 글
168 | 참고 URL
171 | 찾아보기

한국어판 출간에 앞서

『Git for Humans』의 한국어판 출간을 매우 기쁘게 생각합니다. 이 책을 쓰면서 Git과 버전 관리의 기본뿐만 아니라 Git 명령을 수행할 때 실제로 일어나는 일을 쉽게 이해시키고자 노력했습니다. 또한 Git 저장소와 브랜치, 커밋 메시지 작성 방법 등 실전용 기법도 설명했습니다. 아무쪼록 한국 독자들도 이 책을 통해 프로젝트에서 Git을 제대로 활용할 수 있기를 바랍니다. 다시 한 번 한국어판 출간을 축하드립니다.

제프리 젤드먼과 데이비드 디마리

추천의 글

에둘러 말하지 않겠다. Git은 짜증난다.
  잠깐! 아직 도망가지 말자. Git은 짜증나는 존재지만, 주목하지 않을 수 없는 아주 중요한 두 가지가 있기 때문이다. 첫째, 실질적으로 Git은 웹사이트나 애플리케이션 제작 협업에 있어서 필수 조건이며, 이 책을 보고 있다면 아마 그걸 기대하고 있을 것이다. 둘째, Git은 오늘날 협업 모델의 한 종류다. 여기서 협업이란 분산된 팀들이 실질 내용을 공유하며 비동기식으로 협력해 작업한다는 의미다.
  결론은, Git을 좋아할 것까진 없다. 그러나 반드시 알아둬야 한다. 많은 Git 튜토리얼이 곧 부러질 것 같은 나뭇가지에 매달려 허둥대고 있는 독자를 외면한 채, Git의 불가사의한 관습을 현실 세계의 현상과 연결해 설명하려고 애를 쓴다. 이 책에서 데이비드 디마리는 그런 무의미한 시도는 집어치우고 Git만의 언어로 Git을 배울 수 있도록 인도한다. 디마리는 모든 디자이너, 개발자, 기획자, 관리자가 알아야 할 Git의 핵심 원칙을 억지스럽고 과장된 비유가 아닌, 보통의 언어로 침착하게 설명한다. 몇 시간이면 읽을 수 있는 이 상쾌하고 명확한 책을 덮고 나면 여러분은 터미널 앞으로 돌아가 자신 있게 풀pull과 병합merge을 할 준비가 됐을 것이다.
  하지만 현명한 여러분은 그게 전부가 아님을 알아챌 것이다. 각 명령어나 문법과 함께 팀 작업에 있어서 필요한 예리한 조언들이 있기 때문이다. 변경 사항을 언제 어떻게 커밋commit하는지 아는 일은 코딩 이상으로 중요하다. 커밋은 작업을 공유하고 의사소통하는 실제적인 행위이기 때문이다. 이는 하나의 프로세스이며 그것도 아주 강력한 프로세스다. 따라서 Git의 별난 특성 때문에 종종 초보자가 중도 포기하고 맥주를 마시러 가겠지만, 그렇다 해도 Git이 웹사이트를 만드는 이에게 주는 영향력은 충분한 가치가 있다. 어찌 됐든 병합 충돌을 다루는 방법이나 로그를 해석하는 방법 등 이 책의 내용을 확실히 따라가기 바란다. 그러나 잊지 말자. Git이 마주하는 궁극의 청자는 컴퓨터가 아니다. 바로 인간이다.

맨디 브라운 Mandy Brown

서문

내가 취미로 웹사이트를 만들기 시작한 1995년 즈음에는 웹 개발자란 HTML을 아는 사람이란 의미였다. 그게 전부다. 자바스크립트나 CSS를 지원하는 브라우저는 거의 없었고, 플래시Flash는 존재하지도 않았다. 웹은 단순히 많은 콘텐츠로 잔뜩 채운 매체로 시작됐으며, 십여 개의 태그만 안다면 누구든 텍스트 에디터를 사용해 웹에 참여할 수 있었다. 좋았던 시절이다.

20여 년이 지난 지금, 웹 개발은 더 이상 단순하지 않다. HTML, CSS, 자바스크립트는 여전히 웹 개발의 근간으로 남아 있다. 그러나 세월을 거치면서 그 언어들은 대부분 디자이너도 외워 사용할 수 있을 만큼 쉬운 문서 작성용 언어에서, 이제는 애플리케이션 구축을 위한 플랫폼으로 진화했다. 우리는 더 이상 **웹 페이지**를 만드는 것이 아니라, **테마**나 **템플릿**, 더 나아가 **앱**을 만든다. 우리는 수천 줄의 복잡한 코드를 생산하며, 그 코드의 관리를 위해 점점 더 많은 사람과 더욱 더 다양한 방법으로 공유한다. 우리는 웹의 초창기 시절에는 상상도 할 수 없는 놀라운 것을 사용자를 위해 만들어내는 능력을 갖게 됐다. 그러나 그 대가로 받는 것은 기술이라는 쳇바퀴 안을 도는 다람쥐 같은 기분이다.

그걸 잘 표현한 프랭크 키메로Frank Chimero의 글을 보자(http://bkaprt.com/gfh/00-01/).

이제 솔직하게 털어놔야겠다. GitHub는 혼란스럽고 Git은 더 혼란스럽다. 나는 거의 모든 현대의 웹 스택을 더 이상 이해하지 못한다. 아무도 내게 웹을 제대로 설명하지 않는다. 누구나 당연하다고 여기는 기본적인 지식을 내가 알고 있을 것이라 가정하기 때문이다. 마치 몇 년 전부터 모두에게 공공연히 알려졌지만 나만 지금까지 모르는 비밀이라도 있는 느낌이다. 계획한대로 되지 않는 게 삶이 아니던가? 나는 웹을 이해하는 일을 포기했다. 심지어 그런 종류의 복잡함이 당연시되기에 모든 사람이 이해하려고 하는 부분조차도 말이다. 지금 나는 홀로 동떨어진 것 같아 두렵다. 그래서 나는 '아이디어'와 '이해하는 능력'에 가치를 두는 나만의 이야기에서 위안을 얻으려 한다. 설사 위에서 말한 GitHub나 Git 따위에 대해 아무것도 모를 지라도 말이다. 그런 것을 다 이해하기엔 너무나 방대하기 때문에, 어쩌면 나는 지금 잘하고 있는지도 모른다. 복잡한 건 젊은 녀석들한테 넘기자.

Git은 가장 복잡한 최신 웹 기술은 아니지만 웹 스택 전체에서 공통적으로 사용하는 한 부분이다. 만약 새로운 플랫폼의 웹에 참여하고 싶다면 Git을 피할 수 없다. 직접적 혹은 간접적으로든 어떤 점에선 Git과의 씨름이 필요하다. 그리고 그게 웹사이트 구축의 거대한 변화 속에서 Git이 간판스타가 된 이유일 것이다.

많은 책, 블로그, 온라인 글들이 Git의 사용법을 설명하기 위해 우후죽순처럼 나타났다. 다양한 튜토리얼이 있음에도 불구하고, Git에 대해 불평하는 누구와도 마주칠 일 없이 살아갈 수 있다는 생각이 들지 않는다. 그렇다 하더라도 우리는 Git을 사용한다. 자신 있게 사용하지 못할 거라는 두려움에도 불구하고 반드시 Git을 사용해야만 할 것 같다. 큰 가위 한 자루를 들고 집 주변을 뛰어다니는 느낌으로 말이다.

이는 단지 프랭크 키메로 같은 디자이너에게만 해당되는 게 아니다. 웹에 처음인 사람이거나 또는 웹 개발과 아주 살짝이라도 관련 분야에서 일하는 사람이면 모두 어쩔 수 없는 Git 세계의 거주민이다. 마치 우리 가운데 많은 사람이 잘 만들어진 웹을 좋아하며 편하게 살지만, 여전히 Git으로 인해 당황하며 사는 사람도 존재하듯이 말이다.

지난 10년 동안 거의 모든 프로젝트에서 Git을 사용하며 Git의 음침하고 기이한 행동을 철저히 조사해본 결과, 이제 나는 틀림없이 말할 수 있다. **문제는 사용자가 아닌, Git이다.** 만약 Git이 어렵지 않은 거라면, 사용자가 덜 똑똑하거나 아니면 중요한 회의를 빼먹었기 때문일 거다. 그러나 Git이 어렵다면, 그 이유는 **정말 Git이 어렵기 때문이다.**

Git이 어느 정도 어려운 이유는 조엘 스폴스키Joel Spolsky가 말했던 '허술한 추상화leaky abstraction'를 구현하기 때문이다(http://bkaprt.com/gfh/00-02/). 소프트웨어 관점에서 추상화란 일을 어렵게 만드는 요소를 숨김으로써 어떤 작업을 개념적으로 다루기 쉽게 만드는 것을 말한다. 인터페이스도 추상화다. 파일을 휴지통 아이콘으로 드래그해 삭제하는 것과 파일이 하드 드라이브에서 실제로 제거되는 일 사이에는 아무런 관계가 없다. 다만 사용자가 파일 삭제 개념을 쉽게 이해할 수 있도록 디자이너가 그렇게 고안한 것이다. 그리고 실제로 삭제된다! 심지어 나는 10년 이상이나 시프트 키를 추가로 이용할 수 있다는 사실을 몰랐음에도(정말이다!), 파일 삭제를 이해하는 데 어떤 어려움도 겪은 적이 없다.

추상화는 우리를 복잡함으로부터 보호하기 위해 존재한다. 허술한 추상화는 기저에 있던 복잡함이 뚫고 올라오는 순간, 추상화로서의 역할에 실패한다. 몸이 조금이라도 젖는 순간, 우산으로서의 제 몫을 다하지 못하는 허술한 우산처럼 말이다. 스폴스키의 글을 인용해보겠다.

비(날씨의 추상화)에 대한 걱정에서 해방되기 위해 차에 바람막이 와이퍼, 전조등, 지붕, 히터 등이 갖춰져 있다 해도, 정작 비가 오면 그다지 빨리 달릴 수 없다. 수막으로 미끄러질까봐 걱정해야 하기 때문이다…또한 때로는 비가 너무 강하게 내려 앞을 내다보기 힘들기 때문에 더욱 천천히 달리게 된다….

Git의 인터페이스는 '허술하다'. Git의 명령행 인터페이스는 내부의 작동 원리를 숨기는 데 실패하기 때문이다. 또한 Git이 겁나는 이유 가운데 하나는 Git의 내부 로직이 인간이 정보를 체계화하는 방법과 항상 일치하진 않는다는 점이다. 따라서 Git의 작동 원리를 아는 것이 일의 진행에 필수적이다. Git을 제대로 사용하려면 인간의 논리(또는 Git의 인간 친화적인 추상화)가 실패한 지점에 Git 자체의 논리를 적용할 수 있어야 한다. 바꿔 말하면 우리는 Git처럼 생각할 줄 알아야 한다는 뜻이다.

이 책이 Git의 사고를 이해하는 데 도움이 됐으면 한다.

믿거나 말거나 Git의 이 만만치 않은 개념 모델은 Git의 특징이지 버그가 아니다. Git은 가위를 사용하는 느낌과 비슷하다. 의지를 갖고 시공간을 휘게 할 수 있는 강력한 툴이기 때문이다. 이는 마치 한낱 인간의 손에 너무 많은 책임을 지우는 것으로 들리지만, Git은 사용자의 능력이 충분함을 믿는다.

이제 시작하자.

옮긴이의 글

Git은 최근 몇 년 동안 전 세계에서 가장 많이 사용되고 있는 버전 관리 시스템(VCS)입니다. 이 책을 펼친 여러분도 이미 Git 또는 GitHub를 사용하고 있거나, Git을 기반으로 협업하는 프로젝트에 참여해야 하는 상황일 것입니다.

그런 여러분이 찾아볼 수 있는 Git 참고서나 온라인 문서는 많이 있습니다. 그러나 대부분 Git의 명령어와 사용법을 나열하거나 GitHub의 이용 방법에 비중을 두고 있습니다. 또는 과거에 많이 사용했던 CVS나 서브버전과 비교하여 Git을 이해시키려 합니다. 그러나 Git은 과거 유명한 VCS와는 다른 분산 버전 관리 시스템입니다. 따라서 클라이언트-서버 방식인 VCS와의 비교는 Git을 이해하는 데 별로 도움이 되지 않습니다. Git에 대한 다양한 자료가 있고 심지어 현재 Git을 사용하고 있음에도 여전히 많은 사람들이 Git을 어려워하는 이유는 바로 이 때문입니다. 새로운 개념을 이해하려면 과거의 다른 개념과의 비교보다는 그 새로운 사상 자체를 받아들이는 방법이 때로는 더 효과적일 수 있습니다. 객체 지향 개념을 절차적 언어의 개념과 비교하면서 이해할 수 없는 것과 비슷합니다. 과장된 비유를 하자면 상대성이론은 오히려 고전물리학을 잊고 접근해야 하는 것과 마찬가지입니다.

Git의 경우가 그렇습니다. 그리고 이 책은 그런 점에서 다른 책과 구별됩니다.

Git의 명령어, GUI 방식의 클라이언트, 또는 웹 인터페이스, 그 어떤 도구를 사용하든 Git의 본질을 이해하지 못한다면 여전히 Git을 충분히 활용하지 못한 채 어려워하며 한계에 부딪칠 수밖에 없습니다. 어도비 타입킷의 프로덕트 매니저인 데이비드 디마리는 이 책에서 Git을 Git 자체로 이해시키기 위해 주력합니다. 그렇다고 이 책이 이론서만은 아닙니다. 이 얇은 책은 Git을 빠르게 이해하고 실전에 필요한 핵심 사항을 익힐 수 있도록 합니다.

Git은 인간답지 않습니다. 그러나 이 책을 통해 Git이 진정 인간을 위해 만들어진 시스템이라는 사실을 깨닫는 순간, 인간다운 Git이 보이게 될 겁니다. 그리고 더 이상 Git이 마음속 한편에 걸림돌로 남아 있지 않게 되리라고 확신합니다.

조금이라도 나은 세상을 만들기 위해 IT 분야에서 고군분투하는 여러분을 응원합니다.

이태상   교육과 컨설팅을 주로 하는 자바와 웹 전문가이며 오랫동안 전자금융 업무를 진행했다. 현재는 금융 기관의 기간 시스템을 관리하고 있다. 《톰캣 최종분석》부터 《리액트 웹앱 제작 총론》까지 10여 년간 다수의 IT 서적을 번역했다.

1

버전 중심의
사고

뭘 좀 아는 사람이라면 돌에 글을 새기는 것이 당연했던 시대가 있었음을 알 것이다. 글을 새기는 데 필요한 체력은 둘째 치고 돌의 크기, 무게, 비용 때문에 한번 새긴 글을 다시 수정하는 건 난감한 일이었다. 글의 내용을 명확히 하거나 흐름을 다듬는 것은 고사하고, 단지 오자를 정정하려 해도 돌의 일부를 깎거나 동굴 벽의 여유 공간을 찾아야 했다. 정말로 변경이 필요한 경우가 드물었다 치더라도, 이전 수정본을 보유하는 일 역시 물리적으로 힘들다. 따라서 시, 비법서, 동굴 벽화 등 최종 버전을 이전 버전과 비교한다거나, 그 대체 버전을 만드는 일은 거의 불가능하다. 그 시절엔 무언가 작성한다는 것은 마법과도 다름없었다.

    수세기를 거치면서 글을 적는 방법이 쉬워졌고, 작자가 창작 중이든 끝난 후든 접근 방식을 달리하거나 마음을 바꿔 다시 작업하기가 훨씬 쉬웠다. 이는 아이디어와 언어를 쉽게 퍼뜨릴 수 있다는 부가적인 이득을 가져옴으로써, (적어도 잠재적으로) 모든 사람이 작가가 될 수 있었다.

그러나 컴퓨터가 등장하기 전까지도 아이디어를 기록하거나 배포하는 가장 좋은 수단은 여전히 종이와 같은 물체에 적는, 시간과 비용이 드는 방법이었다. 추가적인 버전을 만드는 비용 때문에 소설, 기획서, 그림, 사진 등 그 어떤 것도 초기 버전을 거의 최종 버전에 가깝게 만들 수밖에 없었다.

아직도 많은 사람이 그런 방식으로 결과를 만들어낸다. 여러 버전을 반복하는 과정을 통해 무언가를 만들고 향상시키는 데 시간을 들이는 것은 사치인 듯하다. 컴퓨터와 네트워크 덕분에 정보 확산 비용은 한없이 낮아졌다. 그러나 무언가를 반복하는 일, 즉 이터레이션iteration에는 여전히 두 가지가 필요하다. 바로 시간과 수양이다.

나의 학창 시절에 어떤 선생님은 과제의 최종 버전뿐만 아니라 이전 버전도 제출하게 함으로써 우리에게 이터레이션의 가치를 알려주려 했다(당연히 벼락치기는 곤란했다). 그럼에도 우리는 민첩한 반복적 사고를 갖게 되기보다는 한 학기에도 몇 번씩 제출 기한을 맞추기 위해 허둥지둥했다. 한 과제물의 3개 버전을 만드느라 시간을 들이는 대신, 느긋함을 가지고 그저 그런 문제 있는 과제물에 만족하며, 드라마 〈프린지Fringe〉의 지난 에피소드를 다시보기하며 시간을 보냈다.

그러나 문자 문화에선 지속적으로 변경이 누적되고 그런 변경 사항을 추적하는 것이 단지 도움이 되는 수준을 넘어 매우 중요한 기능을 하는 최소한 두 개의 영역이 있다. 바로 법전과 (우리의 관심사인) 소프트웨어 소스 코드다.

다른 종류의 저작과 마찬가지로 소스 코드 역시 아날로그 단계라 부르는 시기를 거쳤다. 초기 컴퓨터 시절엔 카드에 구멍을 뚫어 프로그래밍해야 했다. 그 카드를 일일이 기계에 넣으면 카드에 부호화돼 있는 명령이 실행되고 결과를 리턴했다(하버드 마크 II Harvad Mark II 컴퓨터의 오작동을 추적하던 중 데이터 릴레이 장치 사이에 끼어 있는 나방을 발견한 그레이스 호퍼Grace Hopper 덕분에 잘 알려진 컴퓨터 용어가 '버그'와 '디버깅'이다).

초창기 코더들은 초창기 작가가 가졌던 동일한 문제를 겪었다. 천공 카드와 같은 물리적 매체를 변경하는 작업 또한 시간과 비용이 드는 일이기 때문이다. 프로그램은 한번 실행하면 수시간에서 수일도 걸리며 에러가 발생하면 모든 작업을 다시 처음부터 시작해야 하므로, 가급적 애초에 아무 문제없이 만드는 게 매우 중요했다.

컴퓨터 언어는 기계를 이해시킬 수 있어야 한다. SF 작품에서와는 달리 아직도 컴퓨터는 인간보다 멍청하다. 인간은 they're를 쓸 자리에 their가 있는 것을 보고 작가의 세심하지 못함에 한숨을 쉬면 그만이지만, 그게 코드였다면 컴퓨터는 장애가 발생한다. 장애가 발생하는 컴퓨터는 유용할 수 없다. 따라서 소프트웨어 제작자는 일을 쉽게 해결하기 위한 시스템을 구축하는 방법을 택했다.

버전 관리의 요소

여기서 등장한 것이 바로 **버전 관리 시스템**Version Control System이다. 버전 관리의 기본 개념은 이렇다. 어떤 작업물의 최종본만 갖고 있는 것이 아니라 그 이전 각 수정본을 모두 보유함으로써, 필요할 때 이전 버전을 참고하거나 그 버전으로 되돌릴 수 있게 하자는 것이다. 우리는 작업 편의를 위해 여러 종류의 소프트웨어를 사용한다. 이 책에서 다루는 것도 그 중 하나이긴 하지만, 더 중요한 의미를 갖는 것은 버전 관리가 실무 **행위**라는 점이다. 즉, 버전 관리는 단지 버전을 관리하기 위한 도구를 말하는 것뿐만 아니라 우리가 **수행하는** 일

자체를 말한다.

많은 사람들이 '다른 이름으로 저장...' 명령을 사용해 매번 새 버전을 저장함으로써 각 버전들을 유지하는 식의 프로젝트를 해봤다. 대개 파일명에 현재 날짜(project_2017-01-31.doc)를 붙이거나 버전 번호(mockup-1a.psd)를 붙이는 식일 것이다. 유효하긴 하지만 아주 초보적인 버전 관리법이다.

Git과 같은 버전 관리 시스템에선 **저장소**repository라는 곳에 각 버전 사본을 유지한다. 비디오 게임에서 진행 도중 특정 지점을 임시 저장하듯이, 일시 정지할 수 있는 지점에 해당하는 버전을 저장소에 저장하는 것을 **커밋**commit이라고 한다. 모든 커밋에는 작업자의 이름과 이메일 주소 같은 메타데이터가 포함된다. 그래서 나중에 특정 변경 작업과 관련해 칭찬하거나 원망해야 할 사람이 누구인지 정확히 알아낼 수 있다. 이 커밋이 모여 구조화된 것이 **브랜치**branch다. 각 브랜치는 프로젝트 히스토리 안에서 하나의 진화하는 트랙에 해당한다. 공식적인 주 버전primary version에 해당하는 브랜치가 하나 있는데, 이를 트렁크trunk 또는 마스터 브랜치master branch라고 한다. 과거 커밋의 히스토리가 축적되기 때문에 이전에 커밋했던 버전을 불러와 롤백하거나 둘 이상의 버전을 비교하며 디버깅하는 일이 쉬워진다.

변경 사항을 저장소에 저장하기 위해선 안전하게 변경할 수 있는 하나의 프로젝트 버전이 필요하다. Git과 같은 버전 관리 시스템에선 이를 **작업 사본**working copy이라고 부른다. 작업 사본은 메모장 같은 역할을 한다. 즉, 프로젝트에 어떤 변경도 원하는 대로 할 수 있으며, 특정 변경 사항을 저장소에 커밋하면 그것이 공식적으로 저장되는 버전이 된다. 작업 사본은 프로젝트 복사본으로 하드 드라이브에 존재하기 때문에 찾기도 쉽다.

일반적인 데스크톱 작업 관점에서 보면 버전 관리는 손이 더 가는 일처럼 보인다. 작업 사본을 저장하고 그 다음엔 저장소에도 저장하는, 두 번의 작업을 하기 때문이다. 시작한지 얼마 안된 젊은 웹 개발자였던 내가 버전 관리를 거부할 만큼 충분히 짜증나는 이유였다. 그러나 결국 내 프로젝트의 모든 중요한 버전이 주석과 함께 깔끔하게 구성돼 안전한 장소에 저장됨으로써 얻는 이익에 감사하게 됐다. 또한 커밋이라는 것이 작업 중 수시로 저장하는 사소한 수정이 아닌, **중요한** 변경 사항에 대한 행위라는 인식이 생겼다. 코딩을 잠시 중단하고, 설명을 입력하고, 내 버전과 다른 사람의 버전 간의 충돌을 해결하는 등 커밋과 관련된 추가 작업은 궁극적으로 좀 더 사려 깊고 신중하게 일하는 데 도움이 됐다.

기초적인 버전 관리 습관을 들이려면 약간의 노력이 더 들지만 힘든 일은 아니다. 무언가 체계적으로 관리하는 세상의 그 어떤 경우와 마찬가지로 버전 관리 역시 지속적으로 수행할 때 최상의 역할을 한다. 그렇게 해야 데이비드 앨런David Allen이 『끝도 없는 일 깔끔하게 해치우기Getting Things Done』(21세기북스, 2011)에서 말한 '신뢰할 수 있는 시스템trusted system'이 된다. 한편, 일단 하나의 버전을 저장소에 커밋했다면, 커밋했던 당시의 정확히 동일한 상태를 나중에 다시 찾을 수 있다는 믿음을 가져야 한다(Git은 그 부분을 잘 보장한다). 그러나 어떤 버전을 커밋하기 시작했다는 것은 이후에도 작업을 진행하면서 정기적으로 변경 사항을 커밋하겠다는 스스로에게의 약속(커밋)을 의미한단 점도 믿기 바란다.

복잡한 프로젝트

포토샵Photoshop 문서 같은 개별 파일 버전은 관리하기 쉽다. 각 파일은 히스토리 안의 특정 시점으로서 하나의 완전한 프로젝트 사본을 나타내며, (만약 숫자나 날짜로 버전을 지정했다면) 단지 파일 목록을 훑어보기만 해도 버전을 구별할 수 있다. 그러나 작업 내용이 개별 파일에 깔끔하게 담겨 있는 경우와 달리, 웹사이트나 앱처럼 소스 파일이 포함된 모든 디렉터리로 구성된 경우도 있다. 그런 프로젝트의 버전 관리는 어떻게 할까?

그게 Git과 같은 소프트웨어 버전 관리 시스템이 우리의 툴박스에서 떡하니 한자리를 차지하는 진정한 이유다. 웹사이트나 앱의 소스 코드, 또는 공동 작업자로부터의 변경 사항을 함께 조정해야 하는 좀 더 복잡한 프로젝트를 관리하는 경우엔 더욱 그렇다.

앞서 가장 초보적인 버전 관리 방법으로 포토샵을 예로 들었다. 즉, 프로젝트 디렉터리를 통째로 복사해 날짜나 순번을 붙여 버전 번호로 사용하는 방법이다. our-website/versions/v12라는 디렉터리는 12번째 프로젝트 수정본이라는 의미다. 개별 파일일 경우와 마찬가지로 웹사이트에 중요한 변경이 있을 때마다 프로젝트 전체의 새로운 복사본을 만들어 v12, v13, v14와 같은 식으로 버전 번호를 늘리는 식이다. 여기서 versions 디렉터리가 저장소 같은 역할이며 각 디렉터리는 커밋된 버전이라 보면 된다. 단순한 상황에선 이런 방법도 괜찮다. 사실 VCS Version Control System를 사용하기 전의 나 역시 고객을 위한 웹 프로젝트를 이런 식으로 관리했다.

웹사이트는 서로 다른 여러 종류의 파일로 이뤄져 있으므로 작업 사본을 our-website/working-copy라는 디렉터리에 별도로 저장할 필요가 있다. 변경 사항을 커밋하는 방법은 포토샵 파일 때보다 살짝 복잡하다. 평소에는 working-copy 디렉터리에 있는 웹사이트를 작업하고 테스트한다. 퍼블리싱할 준비가 됐다면 versions/v13과 같은 이름으로 다음 버전 번호를 붙여 작업 사본 디렉터리를 통째로 복사하면 된다. 즉, 변경 사항이 반영된 버전을 커밋한 것이다.

그렇다면 버전 관리 시스템을 다른 사람과 함께 사용하려면 어떻게 해야 할까?

오늘날 파일 공유는 쉽다. 저장소 디렉터리를 드롭박스Dropbox나 구글 드라이브Google Drive의 공유 폴더로 지정하거나, 사무실이라면 네트워크 드라이브나 파일 서버로 만들면 된다. 프로젝트 공동 작업자를 위해 공유 폴더에 접근 권한만 부여하면 된다. 접근 권한을 가진 사람이라면 누구나 변경 사항을 커밋할 수 있다.

동료가 작업한 변경 사항을 동기화하는 일은 어렵지 않지만, 그 변경 사항을 조화롭게 조정함으로써 버전 관리 시스템의 신뢰를 유지해야 하는 것이 까다롭다. 버전 번호가 매겨 있는 디렉터리와 작업 사본으로 이뤄진 구조는 직관적으로 보인다. 그러나 이 간단한 규칙을 둘 이상의 사람이 동일한 방식으로 해석하거나 지킬 것으로 예상하면 안 된다. 시스템의 신뢰를 유지하기 위해선 **항상 정확히** 동일한 방법으로 규칙이 지켜져야 함이 필수다. 혹시 이것이 대수롭지 않게 여겨진다면, 대형 프로젝트나 리눅스Linux와 같이 수천 명의 컨트리뷰터가 참여하는 오픈소스 프로젝트에서 그런 시스템을 설명해야 한다고 상상해보라. 사실은 지금 아무 예나 든 것이 아니다. 리눅스 프로젝트에서 사용하던 상용 버전 관리툴의 라이선스 분쟁이 있은 후, 리누스 토발즈Linus Torvalds가 프로젝트의 요구 사항에 정확히 부합하고자 직접 만든 것이 바로 Git이기 때문이다(http://bkaprt.com/gfh/01-01/).

그러나 일단 모든 팀원이 규칙을 다 이해하고 누구나 올바르게 새 버전을 커밋할 수 있다고 가정하자. 정말 스릴 있는 건 지금부터다. 두 사람이 각자 새 버전을 동시에 커밋하려 하면 어떻게 될까?

여기서의 문제는 규칙의 준수나 의사소통과는 무관하다. 같은 파일을 동시에 두 사람이 작업해야 하는 상황이란 한 사람의 작업이 나머지 사람의 작업을 덮어쓰는(개인적으로 '클로버링clobbering'이라는 기술 용어를 더 선호한다) 위험을 감수해야 한다는 의미다.

하나의 웹사이트에 공동 작업자 두 명이 있다고 해보자. 빌Bill은 모든 링크를 파란색에서 녹색으로 바꾼다면 사이트가 어떻게 보일지 검토하는 중이고, 스티브Steve는 링크를 빨간색으로 바꾸길 고민하고 있다. 지금의 버전 관리 시스템 규칙에 따르면 빌은 변경한 스타일시트 파일을 공유돼 있는 작업 사본 디렉터리에 저장해야 한다. 불행히도 스티브 역시 정확히 같은 위치에 변경 사항을 저장해야 한다. 이런 방식에선 프로젝트의 다음 버전에 포함된 링크가 녹색이 될지 빨간색이 될진 전적으로 마지막에 저장한 사람이 누구냐에 달렸다. 스티브가 빌보다 늦게 저장했다면 스티브의 승리다.

클로버링을 방지하기 위한 방법은 같은 파일에 대해 작업하는 사람끼리 서로의 변경 내용에 충돌이 없도록 잘 협력하거나, 또는 버전 관리 시스템이 어떻게든 자동으로 변경 사항들을 조화시키거나 그렇지 않으면 저장하지 못하게 만드는 것이다.

초창기 일부 버전 관리 시스템에선 마치 도서관 책 대출 같이 파일을 '체크아웃check-out'하는 방식으로 문제를 해결한다. 파일을 체크아웃하면 체크아웃한 사람이 변경 작업을 완료하고 다시 체크인check-in하기 전까진 다른 사람은 그 파일을 편집할 수 없게 된다. 이 방법은 우연한 덮어쓰기를 불가능하게 함으로써 의도하지 않은 파일 클로버링의 위험을 해결하지만, 또 다른 새로운 문제를 야기한다. 먼저 체크아웃한 사람이 작업을 끝내기 전까지 다른 사람은 꼼짝 못하고 기다릴 수밖에 없다는 점이다.

분산 협업

하나의 작업 사본을 모든 사람이 공유하지 않고, 각자의 컴퓨터에 자신만의 작업 사본을 갖게 할 수 있을 것이다. 적어도 이론상으론 새로운 공식 버전이 저장되기 전까진 각자가 독립적으로 작업할 수 있게 된다.

여전히 두 사람이 동시에 커밋을 시도하고자 할 때의 위험은 조금 있다. 그러나 그런 상황은 비교적 자주 발생하지 않으며, 또한 이메일이나 슬랙Slack과 같은 협업툴을 통해 '웹사이트 버전 34를 올리고 싶은데 문제 있는 사람 있나요?'라고 소통하며 쉽게 변경 사항을 함께 조정할 수 있다.

지금까진 각자의 변경 사항을 가진 서로 다른 버전을 병합해 하나의 통합본으로 만드는 작업은 하지 않았다. 그보다는 단지 복사한 폴더에 이름을 붙이면 다음 버전의 기준으로서 신뢰할 수 있는 작업 사본이 될 수 있다고 가정했다. 해결해야 할 다음 큰 문제는 그런 신뢰가 무너지고 작업 사본이 서로 엇나갔을 때 벌어진 일이다.

그림 1.1에서 스티브의 버전은 빨간색 링크를, 빌의 버전은 녹색 링크를 가지며, 마지막 공식 버전(v1.2)은 파란색 링크를 갖는다. 스티브와 빌의 작업 사본이 공유 마스터 사본보다 더 최신인데, 그걸 떠나서 다음 공식 버전의 링크는 둘 중 어떤 색이 될지 어떻게 알 수 있을까?

더욱 중요한 것은 **그 밖의** 다른 변경 사항도 알 수 있냔 점이다. 즉, 링크 색뿐만 아니라 스티브의 웹사이트 사본에는 빌에는 없는 멋진 기업 이념 소개 페이지가 포함돼 있고, 빌의 사본에는 스티브에겐 없는 자바스크립트 버그를 해결한 코드가 들어 있다면 어떻게 될까?

여기가 우리의 자체 구축 버전 관리 시스템이 완전히 무너진 지점이다. 두 개의 작업 사본을 하나의 버전으로 합칠 수 없단 뜻이 아니다. 그렇게 하기 위해선 글쓰기, 디자인, 코딩, 커피 내리기, 또는 고양이 GIF 그림을 보기 위해 텀블러Tumblr를 할 수 있는 소중한 시간을 너무 뺏긴다는 얘기다. 변경 사항 충돌을 해결하기 위한 파일 검토는 즐겁지 않은 일이다. 더 중요한 것은 그런 일의 양을 줄일 수 없다는 점이다. 파일이 추가될수록, 공동 작업자가 늘어날수록, 변

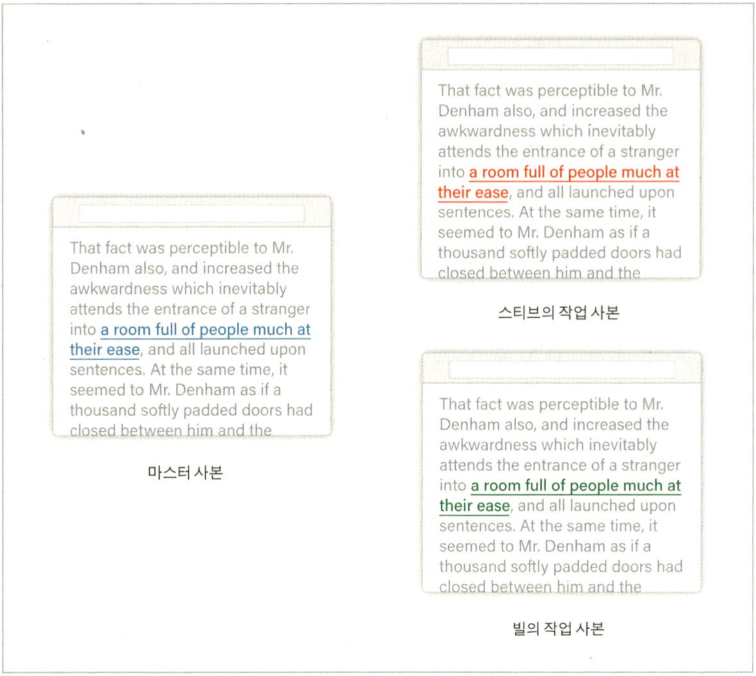

그림 1.1 서로 다른 링크 색을 갖는 세 개의 웹 페이지 사본이 있다. 어떤 게 맞는 걸까?

경 사항이 많아질수록 심각한 문제가 발생할 위험은 증가한다.

버전 관리는 단순히 버전을 저장하는 것 이상임을 기억하기 바란다. 버전 관리는 버전을 관리하는 데 필요한 규칙과 프로세스를 포괄한다. 파일 수가 많거나 공동 작업자가 많은 경우, 또는 그 둘 다인 경우 심판도 없이 규칙을 지키게 하는 것은 진을 빼는 일이 될 것이다. 따라서 오직 규칙이 지속적으로 준수되는 것만이 가치를 얻기에 충분한, 신뢰할 수 있는 버전 관리 시스템이 된다.

다행히도 규칙 준수, 저장소 안의 과거 버전 추적, 저장소와 작업 사본 사이의 변경 사항 전달, 두 디렉터리의 병합, 충돌 감시 등 모든 일은 우리보다 컴퓨터가 훨씬 빨리 잘 처리한다. Git과 같은 **자동화된** 버전 관리 시스템을 도입하면 큰 노력 없이도 작업 내용을 깔끔하게 구성할 수 있고, 서로의 변경 사항을 안전하게 조화시킬 수 있다. 일단 그런 시스템 사용법을 배워 적응한다면 말이다.

인간이 Git을 만나다

버전 관리를 위한 Git의 역할은 소스 코드에 대한 웹 표준의 역할과 같다. 또는 그런 측면에서 워드 문서에 대한 MS 워드의 역할과도 같다. Git은 어디에나 있기ubiquitous 때문에 일단 사용법을 알면 어디서든 코드를 전송할 수 있다. Git은 GitHub와 같은 서버든 개인 노트북이든 서로 다른 컴퓨터 사이의 동기화에 탁월하다. Git을 사용하면 멀리 떨어진 곳의 팀원이 중앙 허브를 통해 다른 작업자의 사본을 내려받거나 진행 상황을 확인하거나 자신의 변경 사항을 올릴 수 있으며, Git을 사용해 변경 사항을 웹 서버에 배포할 수 있다.

변경 사항을 처리하고 브랜치를 관리하는 Git만의 방식은 프로젝트의 커밋과 체계화에 있어서 비할 데 없는 통제권과 유연성을 준다. 이런 특성으로 인해 Git은 수천 명의 컨트리뷰터와 수십만의 커밋이 발생하는 리눅스 커널(http://bkaprt.com/gfh/01-02/)과 같은 프로젝트에 완전히 적합하다. 그러나 Git은 또한 작은 프로젝트와 팀에도 적합하도록 멋지게 맞춰진다. 개인 사이트 버전 관리를 하든 회사 전체 코드를 공유하든, Git을 활용하면 훌륭한 작업장을 얻을 수 있다.

그렇다고 Git이 버전 관리의 자동화나 동료와의 파일 동기화를 위한 유일한 툴은 아니다. 폴더를 공유하거나 이전 버전의 파일을 확인하고 복원할 수 있는 드롭박스 같은 쉬운 파일 동기화 시스템도 자주 사용된다. 워드 문서, 스프레드 시트, PSD와 같은 개별 파일을 다루는 일이라면 Git보다는 드롭박스 같은 툴이 나을 수 있다.

Git의 작동 원리

Git은 로컬 저장소(보통은 하드 드라이브 안의 숨겨진 폴더)에 프로젝트를 보관한다. 이는 서브버전Subversion과 같은 기존의 버전 관리 시스템이나 드롭박스 같은 공유 서비스와는 다른 중요한 차별점이다. 그런 서버 기반 프로세스는 모든 버전의 히스토리에 접근할 수 있는 유일한 장소가 공유된 원격 공간이라는 점과 작업 사본에의 접근은 오프라인에서만 가능하다는 점에서 **중앙 집중형**centralized 시스템이라 할 수 있다.

그에 반해 Git은 **분산형**decentralized 버전 관리 시스템이다. 작업 사본은 물론 프로젝트의 전체 히스토리에 해당하는 완전한 사본이 로컬 컴퓨터, 서버, 그 프로젝트를 호스팅하는 모든 컴퓨터에 존재한다. 기본적으로 Git의 숨겨진 저장소 폴더는 작업 사본 폴더 안에 존재하지만 그 디렉터리에 들어가 보면 작업 사본에서 봐야 하는 파일과 폴더만 보인다. 그곳이 변경 작업을 할 장소다.

언제든 준비만 됐다면 커밋을 함으로써 변경 사항을 안전한 저장소에 쉽게 저장할 수 있다. 앞서 설명한 수동 방식의 프로세스에선 작업 사본을 복사해 버전 번호를 부여하는 행위가 '커밋'이었다. 적어도 개념적으로는 Git에서의 커밋도 마찬가지다. Git은 각 커밋에 대해 해당 파일이 미래에 사용되기 위해 지금 저장소에 저장된다는 사상으로 그 파일의 정확한 상태를 기록한다. 다른 사람의 작업을 클로버링하지 않으면서 새 버전을 올바른 위치에 복사해야 하는, 짜증나기도 하고 잠재적인 위험도 존재하는 수동 방식과는 달리, Git은 그런 모든 잡다한 일을 자동으로 처리한다. 게다가 Git은 새 버전을 복사할 때 변경되지 않은 파일의 경우 그 참조만 만듦으로써 디스크 공간을 절약한다.

  Git은 작업 사본과 저장소 사이(또는 로컬과 서버 저장소 사이)의 안전한 데이터 복제를 책임질 뿐만 아니라, 프로젝트의 서로 다른 버전을 참조할 수 있는 강력한 시스템을 제공한다. 수동 방식의 버전 관리에서 겪어야 하는 것 중 하나는 팀원과 상의해 버전을 구별할 수 있는 방법을 결정하는 일이다. 'v12'와 같은 숫자 방식이 좋을까, '2017-01-31'과 같은 날짜 스탬프가 좋을까? 아니면 다른 방식을 사용해야 할까? Git에서도 이름이나 숫자 등 원하는 방식을 사용할 수 있다. 그러나 Git은 각 커밋에 대해 믿을 수 있는 고유 식별자를 부여한다. 만약 버전에 쓰길 원하는 숫자나 이름이 따로 없다면, 그냥 Git이 알아서 하도록 놔두면 된다.

  마지막으로 Git은 서로 다른 버전 사이의 변경 사항을 안전하게 병합해주는 강력한 도구를 제공한다. 공동 작업자 사이의 버전뿐만 아니라, 한 사람이 작업한 여러 버전에 대해서도 마찬가지다.

Git의 도전

  초보자에게 버전 관리는 쉽지 않은 일이다. 버전 관리로 인해 일이 복잡해질 뿐만 아니라 변경이라는 것 자체가 원래 합법적인 복잡함을 갖기 때문이다. Git과 같은 툴을 사용하면 자신이 생각했던 파일 변경의 원리를 의심하게 된다.

  예를 들어 버전 관리에서 우리에게 필요한 것 중 하나가 **상태**state에 대한 미묘한 해석이다. 가상 공간에서 작업하는 우리는 어떤 디지털 대상을 이해하기 위한 유용한 인지적 링크로서 물리적 메타포를 적용하는 데 익숙하다. 웹 페이지 링크 색을 **변경**하는 예로 돌아가보자. 버전 관리의 철학적 사고를 훈련하기 전의 우리는 컴퓨터 화면 안에 물리적인 개체로 존재하는 파일 하나를 갖고 있고 그 파일을 변경하는 거라고 생각했다. 여전히 CSS 파일은 거기 그대로 있는데 링크 색은 바뀐다.

사실 컴퓨터(또는 Git) 관점에선 최소한 **세 개**의 파일이 존재한다. 하나는 변경하기 전 파란색 링크를 포함하는 파일이고, 다른 하나는 그 링크 색을 지정하는 라인을 변경한 작업 사본이며, 마지막 하나는 기존 파일을 대체해 새로 저장되는 파일이다.

그러나 그 갱신 메커니즘이 styles.css가 여전히 **우리에겐** 하나의 파일로 보인다는 사실을 바꾸진 못한다. 의미론적으로 비트 더미를 styles.css라는 이름의 하나의 파일로 보이게 하는 것은 매우 가치가 있다. 우리의 데이터를 찾을 수 있는 곳을 알려주기 때문이다. 여러 버전 사이의 차이점과 관련해 너무 많은 시간을 쏟는 것은 짜증 나는 일이다. 따라서 그 파일이 무언지 알려주는 이름에 의지해 어떻게 진화되는지 알 수 있는 어떤 다른 방법이 있다면 더 좋을 것이다.

더 정확히 말하면 세 개의 서로 다른 파일이라기보다는 세 가지 **상태**state를 갖는 **동일한 파일**에 대한 얘기다. 내용이 바뀌더라도 이름은 여전히 같으므로, 논리적으로 동일한 파일이 맞다.

파일과 디렉터리에 숫자를 매긴 예제와 Git과 같은 진짜 버전 관리 시스템 사이에 혼동할 수 있는 차이점 하나는, 후자의 경우 과거 버전들로 가득 찬 거대한 폴더 따위는 존재하지 않는단 점이다. Git 사용자는 자신의 작업 트리의 각 **논리 사본**logical copy 내부에서 Git이 모든 과거 버전을 이전 상태와 함께 안전하게 저장할 것임을 기대한다.

두 개의 파일이나 디렉터리가 각자 서로의 사본이며 둘 중 하나는 나머지 하나에 비해 좀 더 최신이거나 발전된 것임을 알 수 있는, 그런 시스템을 우리는 쉽게 이해할 수 있다. 왜냐하면 원고도 두 번째 사본이 있고 책도 2쇄가 있는 현실 세계와 동일하기 때문이다. 앞서 설명한 초보적인 버전 관리 방법 역시 이해하기 쉽다. 단순한 컴퓨터의 파일 복사나 이동 등 평상시 하던 작업이기 때문이다. 그러나 Git과 같은 모델은 원고 집필보단 시간 여행에 더 가깝다. 영화 **〈백 투 더 퓨쳐 2**Back to the Future Part II〉를 봤던 관객이라면 말할 수 있듯이, 시간 여행은 복잡한 일이다.

앱이나 운영체제는 하드 디스크에 저장돼 있는 파일과 관련한 모든 복잡성을 숨기거나 추상화하는 환상적인 일을 수행한다. 하드 디스크와 메모리 사이를 오가는 광풍 대신, 우리는 아이콘 하나를 볼 뿐이다. 때때로 파일 내용이 변경됨에 따라 '마지막으로 저장된 시간(파일 수정일)'은 갱신되긴 하지만, 시각적으로나 의미상으로 늘 동일한 파일로 존재한다.

Git은 그런 종류의 복잡함을 숨기는 데 매우 서투를 뿐만 아니라 거의 시도하지도 않는다. 지나친 단순화는 오히려 Git에 해롭다.

우리가 매일 사용하는 많은 툴과 달리 Git은 어떤 대상을 익숙한 메타포나 심볼로 맵핑하는 일, 예를 들어 맥OS에서 파일을 휴지통으로 드래그하는 행위를 파일 삭제와 맵핑하는 식의 일을 거의 하지 않는다. Git은 사용자가 버전 관리 시스템의 원리뿐만 아니라 특별히 Git만의 작동 방식까지 알고 있다고 가정하고 설계됐다. 즉, 사용자가 Git의 언어로 Git과 소통하도록 의도된 것이다.

Git에는 75개 이상의 명령행 함수가 있다. 각각은 특별한 기능을 수행하고 정해진 입력과 예상된 출력을 갖는다. '새 버전으로 저장하기'라는 명령은 Git에 존재하지 않는다. 대신 ('새 버전으로 저장하기'와 정확히 같진 않지만 비슷한 종류라고 할 수 있는) 커밋을 하려면 두어 가지 행위를 해야 한다. 그 행위는 Git의 세계에서 합법적인 목적을 가지며, 파일이나 문서에 대한 논리적인 어떤 작업과의 맵핑은 없다.

반면 Git은 가장 현실적인 프로그램 중 하나이기도 하다. Git은 사용자가 시키는 것을 넘어선 일은 절대 하지 않는다. 오히려 사용자가 실수로 자신이 원하지 않는 것을 시킬 순 있어도 말이다. 한편으로 이는 우리가 평소보다 더 노력해 격식적인 용어로 Git에 얘기할 필요가 있다는 의미이며, 소프트웨어가 영화를 추천하거나 택시를 호출해주는 현 시대를 감안하면 그 자체로 거의 원칙주의에 가깝다. 다른 한편으론 주어진 명령어의 범위가 제한적이라는 사실은 사용자의 실수로 인한 피해 역시 한정된다는 의미다. 만약 Git이 충돌을 조정하지 못하거나 변경 사항의 커밋 지점이 불확실하는 등의 문제 상황에 처한다 해도, 온전하게 저장할 수 있는 작업 내용과 함께 그 상황에서 벗어날 수 있는 명령어가 **언제나** 존재한다.

지금까지 봤듯 규모가 작은 팀이더라도 버전 관리 사용에 대한 의미 있는 논의는 가능하다. 그러나 인터넷은 지구 반대편에 있는 사람조차 어떤 프로젝트에서든 과거 어느 때보다 함께 작업하기 쉬운 환경을 만들었다. 게다가 오픈소스 운동은 수백만 명이 지켜보고 사용하는 프로젝트에 수천 명의 서로 모르는 사람들이 공헌할 수 있는, 즉 전례 없는 큰 규모의 협업이 가능한 기회를 만들었다. 만약 여러분이 수천 명 규모의 커뮤니티로부터 도움을 받아야 할 때가 온다면, 버전 관리는 필수 불가결하다.

비록 처음엔 버전 관리가 사용자 실수에 대한 보험의 형태로 시작됐겠지만, Git 같은 툴은 버전 관리를 더욱 주목하지 않을 수 없도록 바꿔놨다. 변경에 대한 이해와 관리의 새로운 방식이라는 사실은 말할 것도 없이, 일련의 툴이자 프로세스로서의 버전 관리는 어디에 있는 누구든 모든 종류의 작업을 함께 공유하고 협업할 수 있는 공통 프레임워크를 제공한다. 버전 중심의 생각과 버전 중심의 작업 습관을 가지면 프로젝트의 진화 이력뿐만 아니라 그런 진화가 어떻게 이뤄졌는지 더 많이 알 수 있다.

이제 버전 중심의 사고를 우리의 워크플로에 통합시키는 일을 시작하자.

기초

이제 막 Git을 배우기 시작한 거라면, 적어도 처음엔 명령행을 사용하길 권한다. Git의 명령행 인터페이스는 Git의 모국어. 명령을 입력하고 Git의 응답을 보는 것은 Git의 실제 작동 원리를 배울 수 있는 훌륭한 방법이며, 언젠가 불가피하게 혼란스러운 상황을 맞닥뜨렸을 때 보상이 될 것이다. 또한 명령행은 Git이 실행되는 다양한 플랫폼에서 모두 동일하다. 일단 명령어를 통해 Git과 소통하는 방법을 알면 어떤 컴퓨터에서 실행되는 Git이든 모두 사용할 수 있다.

명령행 인터페이스를 사용해 Git의 모든 능력을 완전히 이용할 수 있지만, 그래픽 인터페이스를 가진 Git 앱도 존재하며 개중에는 아주 훌륭한 것도 있다. 비록 터미널에서의 명령어 사용을 권했지만, 반드시 한 가지만 선택할 필요는 없다. 즉, 터미널과 앱을 병행해서 사용할 수 있다. 예를 들어 변경 사항을 적용하고 커밋하는 일은

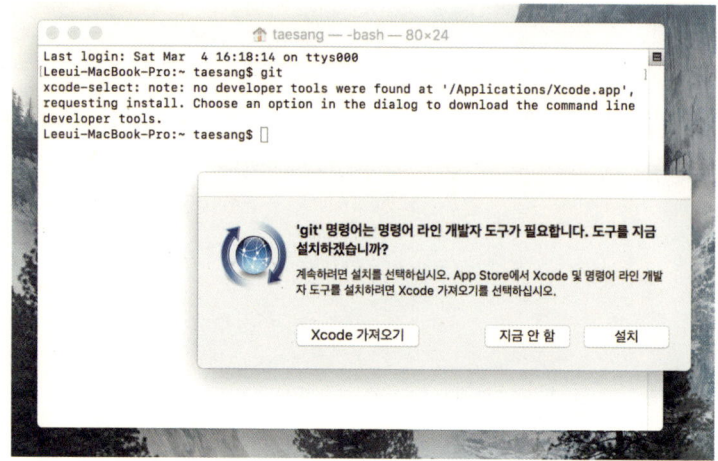

그림 2.1 터미널 창에서 git을 입력하면 맥은 Git이 포함된 애플의 소프트웨어 패키지 설치를 제안한다.

앱이 좀 더 쉽거나 취향에 맞을 수 있고, 나머지 모든 작업은 명령행에 의존할 수 있다.

지금부터 상대적으로 쉬운 Git 설치부터 시작해보자.

맥에서 Git의 설치와 실행

맥OS의 경우 2013년에 발표된 버전 10.9(매버릭스Mavericks)부터는 사용자가 Git과 같은 명령행 툴을 처음 사용할 때 자동으로 다운로드하고 설치한다. 터미널 앱을 열고 Git 명령어 하나를 치면 Git을 포함해 여러 유틸리티가 포함된 '명령어 라인 개발자 도구command line developer tools'라는 패키지를 설치할 건지 묻는다. 설치가 끝나면 추후 Git의 업데이트는 맥 앱 스토어Mac App Store를 통해 자동으로 이뤄진다.

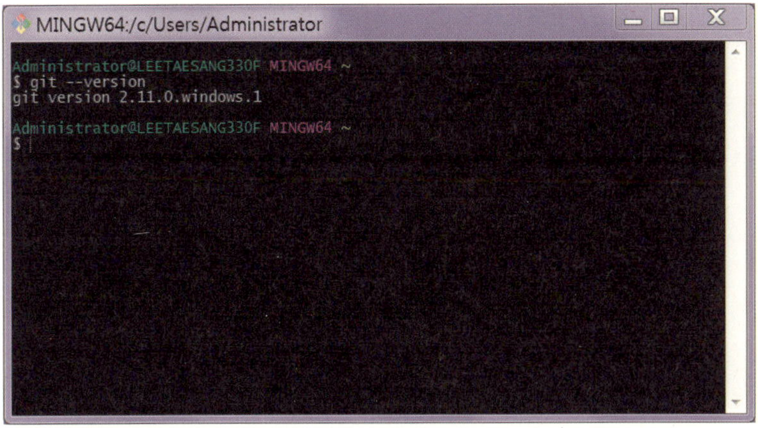

그림 2.2 윈도우용 Git 배포판에 포함돼 있는 Git Bash는 유닉스 스타일의 셸을 완벽히 에뮬레이트함으로써 리눅스나 맥OS에서의 명령어를 동일하게 사용할 수 있다.

윈도우에서 Git의 설치와 실행

Git 개발팀은 윈도우 사용자를 위한 쉬운 설치 패키지를 제공한다. 공식 웹사이트(http://git-scm.org/)에서 다운로드할 수 있다. 설치 마법사는 Git과 관련한 여러 옵션을 물어본다. 어떻게 설정해야 할지 잘 모르겠다면 기본값 그대로 진행하면 된다.

윈도우의 두 가지 표준 명령행 환경인 명령 프롬프트Command Prompt 와 파워셸PowerShell에 익숙하다면 그 환경에서 Git을 사용할 수 있도록 설정할 수 있다. 그러나 Git에는 Git Bash라는 자체 터미널 애플리케이션이 기본으로 포함돼 있다. Git Bash는 맥OS나 리눅스 같은 유닉스 기반의 시스템을 에뮬레이트(즉, 유사하게 작동)하며 Git뿐만 아니라 우리가 앞으로 사용할 모든 명령어를 지원한다. 만약 유닉스 기반의 플랫폼에서 Git을 사용하는 데 익숙하거나 어떤 플랫

기초 **33**

폼이든 일관된 명령행 사용 경험을 갖고 싶다면, Git Bash는 기막히게 좋은 툴이 될 것이다.

윈도우와 그 외의 운영체제 모두 일반 텍스트 파일에 대해 ASCII와 유니코드 등 동일한 인코딩을 지원하지만, 줄바꿈을 의미하는 개행 문자는 다르게 사용한다. 아톰Atom이나 서브라임 텍스트Sublime Text 같은 크로스 플랫폼 텍스트 에디터는 윈도우든 아니든 이미 개행 문제를 잘 처리한다. 그러나 Git은 어떤 포맷을 사용해야 하는지 모를 수도 있다.

윈도우용 Git은 커밋할 때 윈도우 방식의 개행을 유닉스 방식으로 자동으로 변환해주며, 체크아웃할 땐 그 반대로 해준다. 팀의 모든 컴퓨터와 서버가 윈도우라 할지라도, 커밋할 때 유닉스 방식의 개행이 적용되는 것이 윈도우가 아닌 시스템에서의 안전한 체크아웃을 보장하므로 훗날을 위해서라도 가장 바람직하다.

작은 차이가 하나 더 있다. 윈도우 경로에는 `C:\Users\David\myproject`와 같이 백슬래시와 드라이브 문자가 사용되는 반면, 맥OS와 같은 유닉스 시스템에서의 경로에는 `/Users/David/myproject`와 같이 드라이브 문자는 사용되지 않고 슬래시만 사용된다. Git Bash는 자동으로 슬래시를 교체함으로써 윈도우 경로를 `/c/Users/David/myproject`와 같이 표현한다. `C:/` 드라이브를 가리키는 맨 앞의 `/c/`는 파일 시스템에서 최상위 또는 루트 디렉터리로서 마운트된 디스크를 가리키는 유닉스의 전통을 따른 것이다.

명령행 기초

만약 명령행을 처음 사용한다면 프로그래머나 시스템 관리자, 또는 컴퓨터 과학자가 아닌 이상 프롬프트에 나타나는 괴상한 용어 조각들이 무섭게 보일 수 있다. 그런 두려움은 당연하다. 명령행은 무서운 게 사실이다. 탐색기나 제어판에선 운영체제나 하드 드라이브 전체를 삭제하는 등의 심각한 행위가 당연히 막히지만, 명령행을 통해선 그런 일이 가능하기 때문이다. 이렇듯 명령행은 매우 강력하지만 다른 측면에서 보면 우직하기도 하다. 오직 사용자가 시키는 것만 실행하며 대부분 명령어는 각기 단순한 한 가지 작업만을 수행하도록 만들어졌기 때문이다.

Git의 구체적인 사용법에 들어가기 전, 먼저 명령행 인터페이스의 작동 원리와 이 책의 예제를 읽는 방법을 살펴보기로 하자.

명령행이란?

명령행은 윈도우나 맥OS 같은 운영체제가 그래픽 인터페이스를 통해 컴퓨터의 모든 기능을 사용할 수 있게 할 만큼 충분히 강력해진 시대 이전의 유물이다. 나이가 좀 있는 사람이라면 이런 저런 이유로 윈도우 환경에서 뛰쳐나와 MS-DOS로 다시 돌아갔던 경험이 있을 것이다. 〈백 투 더 퓨쳐 2〉를 새로 출시된 VHS 테이프로 봤던 바로 그 시절이다.

명령어 해석기 자체를 **셸**shell이라고 한다. 다른 많은 컴퓨터 용어와 마찬가지로 셸이라는 말도 메타포다. 거북이 같은 동물은 자신의 취약하고 위험한 부위를 숨기기 위한 껍데기(셸)를 가진다. 물론 주변 환경과의 상호작용과 몸의 이동을 위해 열려 있는 구멍도 있다. 마찬가지로 소프트웨어 셸도 비정상적으로 작동하거나 완전히 멈추게 할 수 있는 명령으로부터 컴퓨터와 사용자를 보호하기 위한 장치이다. 이 책에선 주로 명령행 방식의 셸을 얘기하겠지만, 사실 오늘날 우리에게 친숙한 비주얼 인터페이스 **또한** 셸이다. 단지 텍스트 대신 이미지로 만들어졌을 뿐이다.

셸을 실행하면 나타나는 것은 명령행 프롬프트다. 프롬프트는 사용자의 명령을 받아들일 준비가 됐다는 의미의 문자열이다. 대부분의 경우 프롬프트는 다음과 같이 표시된다.

```
$: _
```

여기서 밑줄 문자(_)는 커서의 위치를 나타낸다. `$:`가 프롬프트 자체이며 셸이 사용자의 명령을 기다린다는 신호다.

셸은 사용자가 시스템과 의사소통하기 위한 주된 수단이지만, 사실 셸 자체도 프로그램일 뿐이다. 맥OS나 리눅스의 기본 셸과 윈도우용 Git 패키지에 포함된 셸의 이름은 **배시**bash다. 배시는 유닉스 계열 컴퓨터에서 가장 많이 사용되는 셸이다. 배시가 유일한 셸은 아니지만 이 책의 목적상 우리는 배시를 사용하는 것으로 간주한다.

아마도 영화나 TV 프로그램에서 짙은 선글라스의 해커가 메인프레임의 데이터를 캐내거나 깁슨스Gibsons(영화 〈해커스Hackers〉)에서 주인공이 해킹하는 유조선 회사)에 침투해 괴상한 말들이 가득한 컴퓨터 화면에 괴상한 말을 타이핑하는 모습을 본 적이 있을 것이다. 그런 영화에서 종종 현실과 비슷한 장면 중 하나가 명령 프롬프트의 동작 방식이다. 컴퓨터에게 시키고 싶은 일이 있다면 먼저 컴퓨터가 이해하는 언어로 입력해야 한다.

```
$: whoami_
```

그 다음엔 엔터키를 쳐서 명령을 제출한다. 여기선 셸이 우리를 위해 실행시켜 줄 다른 프로그램의 이름을 넣었다. whoami는 아주 기본적인 프로그램으로, 로그인한 사용자 이름을 보여준다. 실행에 문제가 없다면 다음과 같이 터미널 창에서 우리가 입력한 명령어의 다음 행에 응답이 출력된다.

```
$: whoami
david
```

그 다음엔 또 다른 명령을 기다리기 위해 프롬프트 문자가 다시 표시된다.

```
$: _
```

명령행 프로그램은 수사적인 것을 싫어한다. 사용자가 요청한 정보만을 보여줄 뿐 결과를 멋지게 만들거나 어떤 맥락에 연관시키지 않는다. 즉, '당신의 이름은 david입니다'와 같이 문맥이 있는 정보가 아닌, 직설적인 대답만 한다. whoami로 물어봤고 david으로 답했으며 다시 새 프롬프트가 나타난다. 운영체제나 Git에 포함된 많은 명령어가 그런 식이다.

Git의 몇몇 명령어를 포함해 좀 수다스러운 다른 명령어들에 비해 whoami는 무례할 정도로 간결하다. 무언가 잘못된 것이 없다는 신호다. 반대로 생각하면 응답이 간결한 이유는 시스템이나 셸이 사용자 스스로가 무엇을 하는지 안다고 믿기 때문이다. 아무런 응답 없이 프로그램이 종료된다면 거의 모든 경우 사용자가 요청한 작업이 아무 에러 없이 끝났다는 의미다.

새 디렉터리를 만들라는 의미의 mkdir 명령을 보자.

```
$: mkdir javascripts
$:
```

기초

무슨 일이 일어났는지 분명하지 않다. `mkdir`이 어떤 피드백도 주지 않아 심지어 명령 자체가 실행됐는지도 알 수 없을 것 같다. 그러나 같은 명령을 다시 실행하면 어떻게 되는지 보자.

```
$: mkdir javascripts
mkdir: javascripts: File exists
$:
```

아주 단순한 이유로 명령이 실패했다. `javascripts`라는 디렉터리가 이미 존재하기 때문에 새로 만들 수 없단 얘기다.

명령행 내비게이션

윈도우 탐색기나 맥의 파인더처럼 터미널도 항상 **현재**active의 디렉터리, 다른 말로 **작업 디렉터리**working directory를 바라본다. 현재의 위치를 절대 경로로 알고 싶다면 `pwd`('print working directory')라는 명령어를 사용하면 된다.

```
$: pwd_
/Users/david
```

`cd`('change directory') 명령을 사용하면 작업 디렉터리를 원하는 경로로 바꿀 수 있다. 즉, 탐색기에서 폴더 아이콘을 더블클릭해 들어가는 것과 동일하다. `cd`는 새 터미널을 열면 주로 가장 먼저 사용하게 될 명령이다. 셸의 기본 시작 위치(보통은 홈 디렉터리)에서 Git 프로젝트가 있는 디렉터리로 이동해야 할 테니 말이다.

```
$: cd Projects/our-website
```

```
$: pwd
/Users/david/Projects/our-website
```

여기선 터미널의 시작 위치인 홈 디렉터리에서 프로젝트 디렉터리의 상대 경로(Projects/our-website)를 입력했다. 상대 경로는 파일 시스템의 루트(또는 최상위)를 나타내는 슬래시(/)가 맨 앞에 붙지 않는다는 점에서 절대 경로와 구분된다.

터미널을 처음 사용하는 사람을 위한 간단한 팁이 하나 있다. 홈 디렉터리의 별칭으로 물결문자(~)를 쓸 수 있다는 사실이다. 절대 경로인 /Users/david/Projects/our-website는 ~/Projects/our-website와 동일하며, 이 중 하나를 사용하면 현재 어느 위치에 있든 프로젝트 디렉터리로 즉시 이동된다.

현재 디렉터리 안의 파일과 디렉터리의 목록을 보고 싶으면 ls ('list') 명령어를 사용한다.

```
$: ls
css        index.html
```

이 디렉터리 안에는 웹 페이지(index.html) 하나와 스타일시트가 들어 있는 하위 디렉터리(css) 하나가 존재한다. 파인더나 탐색기와 달리 파일과 디렉터리 종류를 구분할 수 있는 아이콘은 없지만, 대신 ls는 좀 더 자세한 정보를 위한 몇 개의 옵션을 제공한다. 예를 들어 ls 명령에 -F 옵션을 주면 디렉터리를 구별할 수 있도록 슬래시를 뒤에 붙여 준다.

```
$: ls -F
css/       index.html
```

디렉터리 안으로 들어가지 않고 그 안의 목록을 보고 싶다면 `ls` 명령에 그 디렉터리 이름을 넘기면 된다.

```
$: ls css
styles.css
```

물론 필요하다면 `cd`를 사용해 하위 디렉터리 안으로 들어가도 된다.

```
$: cd css
$: ls
styles.css
```

웹에서와 마찬가지로 이중 점(..)은 현재 디렉터리의 상위를 나타내며, 당연히 셸 프롬프트에서도 사용할 수 있다.

```
$: ls ..
css     index.html

$: cd ..
$: pwd
/Users/david/Projects/our-website
```

파인더와 같은 비주얼 툴이든 명령행 툴이든 기본적으로 같은 일을 한다고 기억하는 것이 좋다. 둘 다 같은 하드 드라이브의 같은 파일을 바라보기 때문에 비주얼 툴을 선호한다면 파인더(또는 앱의 '다른 이름으로 저장...' 메뉴)를 사용해서 파일을 저장하거나 디렉터리를 만들면 된다. 만약 명령행을 더 편하게 느끼거나 Git과 앱 사이를 왔다갔다하는 일이 싫다면 거의 모든 면에서 터미널이 빠르다. 한편으론 자신의 경험이나 선호도에 따라 좀 더 신속하고 효율적으로 터미널과 파인더를 병행 사용할 수도 있다.

프롬프트

설명을 간단히 하기 위해 이 책에선 명령 프롬프트를 다음과 같이 표시할 것이다.

(master) $:

여기서 괄호로 둘러싼 master는 현재의 Git 브랜치를 말한다. 나중에 다른 브랜치도 등장하겠지만 지금 2장과 다음 3장에선 master 브랜치에서 작업할 것이다.

다음과 같이 브랜치 이름 다음에 있는 별표(*)는 작업 사본에서 변경 사항을 아직 커밋하지 않았음을 나타낸다.

(master *) $:

모든 운영체제와 셸에는 자신만의 기본 프롬프트 형식이 있다. 만약 마음에 들지 않는다면 원하는 형태로 바꿀 수 있다. 여러분의 컴퓨터에서 보는 프롬프트와 이 책에서 보여주는 프롬프트는 같은 모양이 아닐 가능성이 높다.

이 책의 예제와 터미널 앱이 정확히 같아 보이지 않아도 걱정할 필요 없다는 얘기일 뿐, Git 명령어와 그 출력 결과만큼은 프롬프트의 모양과 관계없이 같아야 한다.

Git과의 대화

지금까지 터미널에서 자유롭게 돌아다니는 방법을 배웠다. 이제부터 실제로 Git과 상호작용하는 방법을 알아볼 차례다. 대부분 다음과 같은 형식으로 명령하게 될 것이다.

```
(master) $: git commandname parameter1 parameter2  »
  --option
```

명령어의 이름(여기선 commandname)은 Git이 수행할 수 있는 100개가 넘는 개별 함수 가운데 하나다. 내부적으로 이들 명령어는 각자 특정 작업을 책임진 독립된 프로그램이다.

일부 Git 함수는 단지 명령어만으로도 작동하지만(예를 들어 git status), 대개는 자바스크립트나 루비Ruby 같은 프로그래밍 언어의 함수처럼 파라미터가 있어야 한다.

Git 명령은 'Git, **이렇게 해**, **이것을**'과 같이 영어 문장처럼 읽을 수 있다. 예를 들어 git checkout master라는 명령은 기본적으로 'Git, 체크아웃해, master 브랜치를'이라는 의미다.

옵션은 최소한 하나 이상의 대시(-)가 붙는 특별한 파라미터다. 옵션을 사용할 일은 많지 않다. 보통 Git의 기본 옵션이 적용돼 작동하기 때문이다. 옵션에는 --global과 같은 긴 형식과 -g와 같은 짧은 형식이 있다. 또한 git commit --message="hello world"와 같이 값을 받아들이는 옵션도 있다. 앞으로 진행하면서 중요한 옵션, 그 옵션의 용도, 받아들이는 값의 유형을 설명할 것이다.

Git 설정

Git은 수백 개의 설정 옵션을 갖고 있는 괴물이다. 그러나 Git을 사용하기 위해 반드시 필요한 사항은 이름과 이메일 주소 두 개 뿐이다. Git은 커밋을 수행할 때마다 `Author`라는 속성에 사용자의 이름과 이메일 주소를 포함시킨다. 따라서 프로젝트 변경을 누가 했는지 다른 사람이 쉽게 알 수 있다. 이름은 변경 로그와 Git이 변경 작업을 한 사람을 보여주는 모든 곳에서 쓰인다. 반면 이메일 주소는 다른 사람에게 연락처를 알려주는 역할뿐만 아니라 GitHub와 같은 호스팅 서비스를 이용할 때에도 필요하다.

그럼 `git config` 명령을 사용해 Git에게 내가 누구인지 알려주자. 이 명령은 Git 프로젝트 안에서만 작동하는 대부분의 다른 Git 명령과는 달리 어떤 디렉터리에서도 실행할 수 있다.

명령 프롬프트에서 자신의 이름과 이메일을 포함해 다음과 같이 각 명령을 입력하자.

```
$: git config --global user.name "David Demaree"
$: git config --global user.email "david@demaree.me"
```

여기선 Git의 `user.name`이라는 특정 속성에 `David Demaree`라는 값을 설정하도록 명령했다.

`--global` 옵션은 현재 설정하는 속성을 컴퓨터의 모든 프로젝트에도 적용하라는 의미다. 만약 하나의 프로젝트에서만 `user.name` 등의 속성을 지정하고 싶다면 `--global` 옵션만 생략하면 된다. 지금은 이 옵션을 사용하도록 하자. 왜냐하면 Git이 **어딘가에선** 반드시 이들 속성을 설정하라고 요구할 것이므로 새로운 프로젝트를 만들 때마다 똑같은 일을 하지 않기 위해서다.

개인 정보 공유는 민감한 사안이므로 잠시 개인 정보 보호에 대해 얘기해보자. Git은 커밋을 처리할 때마다 사용자가 제공한 이름과 이메일 주소를 사용한다. 로컬 저장소나 아직 어떤 서버에도 올리지 않은 커밋의 경우 개인 정보는 오직 사용자의 컴퓨터에만 존재한다. 그러나 커밋이란 결국 공유를 의도하므로, 팀에서든 오픈소스 프로젝트에서든 다른 사람과 공유하는 커밋의 경우 개인 정보가 포함됨을 의식해야 한다. 게다가 앞으로 알게 되겠지만 커밋은 사후에 변경할 수 없다.

이 얘길 하는 이유는 겁주기 위해서가 아니라 주의를 주기 위해서다. Git이 커밋을 위해 이름과 이메일 주소를 요구하지만, 사용자가 입력한 이름과 이메일 주소가 실제로 맞는지 알지도 못하며 신경 쓰지도 않는다. 실제로 프로그래머 두 명이 문제를 해결하기 위해 하나의 컴퓨터에서 함께 작업하는 경우 종종 Git 설정에 공동 크레딧을 넣기도 한다.

따라서 개인 정보는 남에게 알려져도 괜찮다고 생각되는 정도까지만 입력하기 바란다.

새 프로젝트 시작하기

버전 관리 시스템으로 Git을 채택했다면, 보통 초반에 하는 일 중 하나는 `git init` 명령을 사용해 새로운 Git 데이터베이스를 만드는 것이다. 그러나 그게 가장 처음 하는 일은 아닐 수 있다. 왜냐하면 대부분 Git 저장소는 하드 드라이브 안에 프로젝트 파일이 있는 폴더(작업 디렉터리)에 구성되도록 설계됐기 때문이다.

쉽게 말하면 프로젝트의 변경 사항을 관리하려면 일단 프로젝트 폴더가 있어야 한단 뜻이다. 이는 이미 작업 중이고 거기에 Git을 사용하도록 한 폴더거나, 또는 처음부터 Git을 사용해 시작하고자 하는 새로운 폴더일 수도 있다.

지금은 2장의 목적상 새 웹사이트를 개발하는 것으로 시작하자. 먼저 작업 대상이 될 새 디렉터리를 만든다. 물론 파인더나 탐색기를 사용할 수 있지만, 여기선 명령행을 이용하기로 한다.

```
$: mkdir our-website
```

이렇게 하면 현재 디렉터리 안에 our-website라는 새로운 폴더가 만들어진다. 다음엔 cd 명령으로 새 폴더 안으로 들어가자.

```
$: cd our-website
```

이제 git init 명령을 사용해 새 프로젝트 폴더 안의 새로운 Git 저장소를 초기화한다.

```
$: git init
Initialized empty Git repository in /Users/david/ »
  work/our-website/.git/
(master) $:
```

쿵! 이제 우리 컴퓨터에 새로운 Git 프로젝트가 생겼다. 이 프로젝트는 두 가지 의미에서 비어 있다고 할 수 있다. 방금 처음으로 만든 디렉터리이므로 아무런 파일이 없다는 점과 따라서 커밋도 없었다는 점이다.

프로젝트 복제

프로젝트 자체를 처음 만들고 초기화해야 하는 상황이 아니라면, 대개 처음 할 작업은 Git 프로젝트에 가입하고 서버에 저장돼 있는 저장소 사본을 내려받는 일이 될 것이다. 이를 **복제**cloning라고 하는데 서버 저장소 프로젝트를 통째로 복사, 컴퓨터에 저장한다는 의미다.

저장소 복제는 순차적인 프로세스지만, Git은 고맙게도 이를 git clone이라는 하나의 명령으로 묶었다. git clone은 일종의 **매크로** macro로서, 관련이 있는 여러 명령어를 한 번에 수행하는 편리한 명령이다. 먼저 새 작업 디렉터리(기본값은 서버의 저장소 이름)를 만들고, 새 Git 저장소를 초기화하며, origin이라는 이름의 리모트를 추가하고, 리모트로부터 변경 사항을 가져온다.

```
$: git clone https://gitforhumans.info/ »
  our-website.git
Cloning into our-website...
remote: Counting objects: 11, done.
remote: Compressing objects: 100% (7/7), done.
remote: Total 11 (delta 1), reused 11 (delta 1)
Unpacking objects: 100% (11/11), done.
Checking connectivity... done
$: cd our-website
(master) $:
```

자동으로 저장소 이름과 동일하게 붙여진 작업 디렉터리 이름을 그대로 따르는 것이 언제나 가장 손쉬운 방법이다. 그러나 고객

사의 이름을 덧붙이는 등 기본값과 다른 이름을 주고 싶다면 git clone에 폴더 이름을 인자로 넘기면 된다. 여기선 our-website 대신 clientco-website라는 이름을 사용해보자.

```
$: cd ~/Work
$: git clone https://clientco.co/our-website.git  »
  clientco-website
Cloning into 'gfh-website'...
remote: Counting objects: 11, done.
remote: Compressing objects: 100% (7/7), done.
remote: Total 11 (delta 1), reused 11 (delta 1)
Unpacking objects: 100% (11/11), done.
Checking connectivity... done
$: cd clientco-website
(master) $:
```

이름을 어떻게 하든 일단 리모트 저장소를 복제했다면 Git은 마치 직접 만든 프로젝트와 마찬가지 상황으로 작동한다. 게다가 Git은 프로젝트 안의 내용에 관여할 뿐 그 내용을 담고 있는 폴더에 대해선 신경 쓰지 않으므로, 프로젝트를 복제한 뒤에는 언제든지 폴더 이름을 직접 바꿔도 아무 문제가 없다.

이렇게 복제한 프로젝트에는 공유된 모든 변경 사항과 저장소의 모든 히스토리가 포함된다. 프로젝트의 현재 상태뿐만 아니라 모든 히스토리까지 복제하는 개념은 미래에 편리함으로 나타날 것이다.

커밋 준비

Git은 Git이 관할하는 디렉터리 안의 모든 변경 사항의 안전한 보관을 위해 저장소에 기록하고 저장한다. 심지어 없던 프로젝트가 새로 생기는 경우도 말이다. **커밋되지 않았다면 원래부터 없던 일이다**commit or it didn't happen라는 말은 마치 농담 같아 보이지만 맞는 말이다. 현실적으로 Git은 변경이 일어난 파일보단 커밋 관리에 더 관심이 있다. 정확히 Git이 파일 내용에 무관심하단 의미가 아니다. 사용자의 작업을 구조화하고 관리하는 Git의 모델이 커밋에 중심을 두고 있을 뿐이다.

커밋은 **객체**object라고 하는 Git 데이터의 한 종류다. 파일 내용, 폴더의 구조 정보, 그리고 가장 중요한 프로젝트 버전을 표시하는 커밋 등 Git이 알고 있는 모든 정보는 내부적으로 객체에 저장되며, 각 객체는 담고 있는 정보에 따라 고유한 이름을 갖는다. 사실 객체의 이름(또는 식별자)은 단순히 이름이 아닌, 객체를 서로 구별하기 위해 컴퓨터가 판독할 수 있는 작은 지문이다.

매일 수행하는 작업과 관련된 유일한 객체는 커밋이다. 의미론적으로 각 커밋은 주어진 어느 한 순간의 프로젝트 상태를 나타내는 완전한 스냅샷이다. 커밋의 고유 식별자는 다른 순간에 프로젝트 파일이 보인 모습으로부터 현재 순간의 상태를 구별할 수 있게 해준다.

Git은 항상 추가하는 방식으로 작업을 진행한다. 프로젝트 파일이 새로 생기거나 삭제되거나 변경될지라도 그런 변경을 추적하는 커밋은 항상 추가된다. 파일을 지우는 것은 커밋을 추가하는 것이다. 파일 내용을 바꾸거나 파일 이름을 바꾸는 것은 곧 프로젝트의 상태를 변경한 것이고, 그 변경이 표시된 커밋을 추가하는 것이며, 이를 나머지 팀원에게 전파하는 것과 같다.

이 점이 Git의 설계에 있어서 멋진 부분이다. Git 데이터베이스에 있는 아이템은 손실되지 않는, 즉 **불변**의 데이터다. 데이터는 절대로 변경되지 않으며, 오로지 추가만 될 뿐이다. Git은 축적하는 시스템이다. 사용자가 변경한 모든 사항에 대해 축적함으로써, 나중에 그 히스토리를 다시 둘러보거나 되돌릴 수 있다.

변경 사항을 커밋할 때 내부적으로는 정말 멋진 일이 일어난다. 그에 대해선 3장에서 알아볼 것이다. 지금은 커밋을 실제로 해보면서 작동 방식을 먼저 살펴보자.

상태 확인

우리에게는 웹사이트 프로젝트를 담을 새 디렉터리가 있다. 이제 홈페이지를 위한 새로운 파일 하나를 추가하자. 익숙한 HTML 에디터를 사용해 새 문서에 다음 코드를 추가한다.

```html
<!DOCTYPE html>
  <html>
    <head>
      <title>Our Website</title>
    </head>
    <body>
      <h1>Our Website</h1>
    </body>
</html>
```

이 파일을 프로젝트 디렉터리 안에 index.html이라는 이름으로 저장한다.

다음으로 진행하기 전에 `git status` 명령을 사용해 Git이 우리 프로젝트의 상태에 대해 무엇을 알고 있는지 확인해보자.

```
(master *) $: git status
# On branch master
#
# Initial commit
#
# Untracked files:
#   (use "git add <file>..." to include in what will
  be committed)
#
# index.html
nothing added to commit but untracked files present
(use "git add" to track)
```

여기에는 흥미로운 많은 정보가 있다. 첫째, 우리는 현재 프로젝트의 `master` 브랜치에 위치해 있음을 알 수 있다. 이에 대해선 4장에서 더 자세히 설명할 것이므로, 지금은 Git이라는 혼돈의 다중 우주 안에서도 우리가 올바른 위치에 있다는 점만 확신하자. 이 저장소는 비어 있는 새것이므로 다음에 할 커밋은 **초기 커밋**initial commit이 될 것이다. 타임라인에서 가장 최초의 커밋이라는 의미다. 마지막으로 가장 중요한 점은, index.html 파일을 포함하는 '추적되지 않은untracked' 파일 목록을 갖게 된 점이다.

파일 추가

파일을 커밋할 수 있으려면 **추적되는**tracked 파일이어야 한다. 파일이 추적되려면 먼저 파일이 Git의 데이터베이스에 추가돼 있어야 한다. 이 부분에서 Git을 처음 사용하는 많은 사람들이 혼란스러워 한다. 파일을 추가하는 게 커밋 아니었어?

아니, 그렇지 않다. 커밋은 Git 데이터베이스 안의 파일에 대한 변경 사항을 기록한다. 예를 들면 특정 파일이 버전 A에서 버전 B가 됐다고 말할 수 있다(또는 초기 커밋이라면 버전 A의 존재가 정의된다). Git이 A가 어떻게 B가 됐는지 알려면, 논리적으로 그 전에 A와 B 각각에 대해 알아야 한다. 간단히 말하자면 보통은 커밋을 파일이나 폴더의 특정 버전을 나타내는 단축형으로 취급하는데, 사실 커밋 그 자체는 참조에 불과하다. 마치 도로명 주소에서 건물 번호가 실제 건물을 참조하는 것과 마찬가지다.

파일을 추가하는 것은 그 건물을 짓는 것과 마찬가지다. `git add` 명령은 주어진 파일의 스냅샷을 만들어 저장소에 저장함으로써 나중에 커밋할 때 참조할 수 있게 한다.

이는 Git이 앞으로 한 번도 커밋되지 않을 스냅샷도 저장한다는 의미다. 그건 아무 문제가 없다. 왜냐하면 스냅샷은 디스크 공간을 아주 작게 차지하며, 또한 Git은 때때로 **가비지 컬렉션**garbage collection이라는 작업을 수행하기 때문이다. 가비지 컬렉션은 어떤 커밋으로부터도 참조되지 않는 객체를 찾아내 삭제하는 기법이다. 가혹하게 들린다면 이렇게 생각해보자. 한낱 뜨내기 객체에 의해 표현되는 작업에 불과하므로 커밋을 안 한 거라고 말이다. 애당초 저장할 가치가 있는 작업이었다면 커밋을 했을 거라고 Git은 가정한다.

이쯤 되면 Git 데이터베이스에 우리 파일의 첫 번째 버전을 커밋하기 위해 어떻게 해야 하는지 궁금할 것이다.

그냥 git status 메시지에서 봤던 제안대로 git add 명령을 사용하면 된다.

그럼 홈페이지 파일을 추가하기 위해 다음처럼 명령을 내려보자.

(master *) $: git add index.html

보통 Git은 어떤 일이 일어났는지에 대한 아무런 응답도 하지 않는다. 몇 번 경험하고 나면 그게 필요 없다는 것을 알게 될 것이다. 그러나 지금은 처음이므로 다시 git status 명령으로 확인해보자.

```
(master *) $: git status
# On branch master
#
# Initial commit
#
# Changes to be committed:
#       (use "git rm --cached <file>..." to unstage)
#
# new file: index.html
#
```

우리의 파일은 더 이상 추적되지 않은 파일Untracked files이 아닌, 커밋될 변경 사항Changes to be committed 목록에 보여진다. 이제 이 파일은 **스테이징**staged 상태, 즉 커밋할 준비가 된 것이다.

```
(master *) $: git commit --message "Initial commit"
[master (root-commit) 600df9f] Initial commit
```

```
1 file changed, 9 insertions(+)
create mode 100644 index.html
(master) $:
```

드디어 첫 번째 파일을 커밋했다.

첫째 줄을 자세히 보면 커밋 메시지 바로 전에 600df9f라는 커밋 ID를 볼 수 있다. 앞으로 대부분의 커밋 ID를 이런 모양으로 볼 수 있을 것이다.

Git은 이미 이름과 이메일 주소를 알기 때문에, --message 옵션을 줌으로써 동료(또는 미래의 본인)에게 변경 사항이 커밋됐다는 메시지가 전달된다. 여기서 타이핑을 줄일 수 있는 팁 하나가 있다. Git 명령 옵션 가운데 대부분은 두 개 대신 하나의 대시와 한 글자를 붙인 형태로 짧게 표시할 수 있다. 일례로 --message는 -m으로 쓸 수 있다.

```
(master *) $: git commit -m "Initial commit"
```

이로써 우리 프로젝트의 긴 여정에 역사적인 첫 발을 내디뎠다. 이제 다시 변경을 수행하고 두 번째 커밋을 해보자.

스테이징 영역

알다시피 새 버전을 커밋하려면 그 전에 git add 명령을 통해 새 버전이 Git 데이터베이스에 추가돼야 한다. 이를 다른 말로 **스테이징** staging이라고 한다. **스테이징 영역**staging area은 파일을 올린 후 커밋하기 전까지 새 버전이 대기하는 장소를 말한다.

파일을 스테이징하면 내부적으로 두 가지 일이 일어난다. 첫째,

Git은 그 파일의 스냅샷을 데이터베이스에 저장해 다음 커밋할 때 참조될 수 있게 한다. Git에선 본질적으로 파일이 참조될 수 있도록 이미 저장소에 존재해야 하며, 또한 커밋할 때 반드시 참조돼야 한다. 파일의 버전이 스테이징되기 전에는 Git은 그 버전을 알 수 없으며 따라서 커밋도 할 수 없다.

둘째, Git은 다음 커밋의 로컬 초안을 작성한다. 여기에는 안에 있는 모든 파일과 디렉터리의 참조가 포함되는데, 공교롭게도 이전 커밋으로부터 덮어쓰거나 변경되지 않은 파일의 참조도 포함된다. 모든 커밋은 보수적이다. 단지 변경된 대상만 참조하지 않고 특정 시점에서 프로젝트의 상태를 구성하는 모든 것을 참조한다. 그 작동 원리에 대해 알 필요는 없다. 그러나 어떤 일들이 일어나는지 이해하면 커밋의 작업 흐름과 관련해 좀 더 감을 잡을 수 있다.

Git 저장소에 있는 대부분의 데이터와는 달리, 스테이징 영역은 다른 사람과 공유되거나 동기화되지 않으며 오직 로컬 컴퓨터에만 존재한다.

두 번째 커밋

데이터 저장과 Git 객체의 의미론적 특성에 대한 얘길 하느라 첫 번째 커밋을 하는 데 시간이 많이 걸린 것 같다. 그러나 Git과의 소통에 있어 대부분을 차지할, `status`, `add`, `commit`이라는 세 개의 명령어를 알게 됐다. 아마도 이 기본적인 커밋의 워크플로를 수도 없이 사용하게 될 것이며, 특별한 상황을 제외하면 이 세 개의 명령어가 필요한 전부일 것이다.

이를 확인하기 위해 두 번째 커밋을 해보자. 이번에는 홈페이지에서 링크해 사용할 간단한 CSS 파일을 추가하자. 먼저 프로젝트 디렉터리에서 `mkdir` 명령을 사용해 'css'라는 하위 디렉터리를 만든다.

그 다음 에디터에서 새 파일에 다음 내용을 추가한다.

```
body {
  font-family: 'source-sans-pro', Arial, sans-serif;
  font-size: 100%;
}
```

이 파일을 css/ 디렉터리 안에 'styles.css'라는 이름으로 저장한다. 그 다음 index.html에서 이 새로운 스타일시트를 사용하도록 수정한다.

```
<!DOCTYPE html>
<html>
  <head>
    <title>Hello World</title>
    <link href="css/styles.css" type="text/css"
      media="all">
  </head>
  <body>
    <h1>Hello World</h1>
  </body>
</html>
```

파일 시스템에서 어떤 일이 일어났는지 요약하자면, 하나의 디렉터리(css/)와 하나의 파일(styles.css)이 추가됐으며 기존 파일 하나가 변경됐다. 이를 git status로 확인해보자.

```
(master *) $: git status
```

```
# On branch master
# Changes not staged for commit:
#       (use "git add <file>..." to update what will be
  committed)
#       (use "git checkout -- <file>..." to discard
  changes in working directory)
#
# modified: index.html
#
# Untracked files:
#       (use "git add <file>..." to include in what will
  be committed)
#
# css/
no changes added to commit (use "git add" and/or
  "git commit -a")
```

스테이징 안 된 변경 사항Changes not staged for commit이라는 메시지를 통해 Git이 이미 HTML 파일에 대해 알고 있으며, 그 파일이 변경됐음을 알려주는 것을 볼 수 있다. 그 다음엔 추적되지 않은 파일이라는 메시지가 다시 등장했는데, styles.css 대신 그 파일을 담고 있는 css/ 디렉터리를 알려주고 있다. Git이 알지 못하는 디렉터리가 있다고 말하는 나름의 방식이다.

이 모든 변경 사항을 한 번의 git add 명령으로 스테이징할 수 있다. 이 경우 HTML 파일과 디렉터리의 이름을 스페이스로 구분해 인자로 넘기면 된다. 즉, 영어로 'Git, 추가해. 이거랑 이거를'이라고 말하는 것과 같다.

```
(master *) $: git add index.html css/
```

git status로 다시 확인해보자.

```
(master *) $: git status
# On branch master
# Changes to be committed:
#       (use "git reset HEAD <file>..." to unstage)
#
# new file: css/styles.css
# modified: index.html
#
```

두 파일 모두 스테이징됐으며 커밋될 준비가 됐다. Git은 index.html이 이전 버전으로부터 변경됐으며, css/ 디렉터리와 styles.css는 새로운 파일이라고 알려주고 있다. 이제 커밋을 해보자.

```
(master *) $: git commit -m "Add stylesheet"
```

두 번째 커밋을 함으로써 드디어 프로젝트 히스토리가 생겼다. Git의 커밋 로그에 대해선 3장에서 자세히 알아볼 것이다. 그러나 지금도 git log 명령을 사용하면 이미 형태를 갖춘 타임라인을 확인할 수 있다.

파일을 추가하고 커밋하는 프로세스는 버전 관리에서 상당 부분을 차지한다. 또한 각 과정은 나름의 의미를 갖는다. 커밋하기 전에

기초 **57**

파일을 스테이징해야 하는 게 조금 낯설어 보일 수 있는데, 나중에 보겠지만 이는 매우 효과적이다. 아무튼 지금까진 약간의 번거로움이 있을 뿐, 파일 관리 개념에서의 근본적인 변화가 있는 걸로 보이진 않는다.

그러나 앞으로 볼 나머지 일반적인 변경 관리 작업은 직관적이지 않게 보일 수 있다. 지금부터 알아보자.

파일 삭제

프로젝트 작업 사본에서 파일을 삭제하면 당연히 그 다음엔 저장소의 파일도 지워야 할 것이다. Git의 파일 삭제 명령인 `git rm`은 파일을 지우는 일에도 최선을 다한다.

그렇다 해도 이미 알고 있는 두 가지 사항을 떠올려야 한다. Git은 축적 시스템이라는 점과 오직 커밋의 맥락에서 변경 관리를 책임진다는 점이다. 이 때문에 우리는 첫 번째 심각한 논리적 패러독스에 직면하게 된다.

명령행 환경이 처음인 사람을 위해 말하자면 rm('remove'의 약자)은 표준 유닉스 파일 삭제 명령어다. 명령 프롬프트에서 `rm path/to/my/file`을 실행하면 해당 경로의 파일을 삭제한다. `git rm`도 그와 같은 방식으로 동작한다. 다만 한 가지 특징이 더 있다. 파일을 삭제하는 것뿐만 아니라 삭제된 장소를 새 커밋을 위해 스테이징 상태로 만든다는 점이다. 달리 말하면 우리가 파일을 삭제하려면 커밋을 **추가**해야 한다는 의미다.

이 말이 너무 혼란스러울 수 있기 때문에, Git에서 파일이 삭제되는 원리를 보여줄 예제를 하나 보자.

검색 엔진의 색인을 거부하기 위해 우리가 마지막으로 작업한 웹 프로젝트에 누군가가 robots.txt 파일 하나를 추가했다고 가정하자

(다른 사람이 저장소에 변경을 가하는 방법은 나중에 알아볼 것이다. 일단 지금은 그 과정은 지났고 프로젝트에 변경이 가해졌다고 치자).

그런데 이제 우리는 변심해 다시 사이트가 색인되길 바란다. 그래서 robots.txt 파일을 지우기로 결정했다.

그렇게 하기 위해 git rm을 사용할 것이다.

```
(master) $: git rm robots.txt
rm 'robots.txt'
[master *] $:
```

이제 git status를 실행하면 파일 삭제 작업이 다음 커밋에 포함되기 위해 스테이징된 것을 볼 수 있다.

```
[master *] $: git status
# On branch master
# Your branch is ahead of 'origin/master' by 1 commit.
#    (use "git push" to publish your local commits)
#
# Changes to be committed:
#    (use "git reset HEAD <file>..." to unstage)
#
# deleted: robots.txt
#
```

커밋의 기초가 되는 Git의 스냅샷은 파일의 내용과 그 파일을 담고 있는 디렉터리 구조로 이뤄진다. git rm으로 파일을 지우면 Git은 robots.txt가 **빠진** 프로젝트의 새로운 스냅샷을 만들며, 이 버전을 다음 커밋을 위해 스테이징한다. 이제 커밋을 해보자.

```
[master *] $: git commit -m "Remove robots.txt"
[master 983024f] Remove robots.txt
 1 file changed, 0 insertions(+), 0 deletions(-)
 delete mode 100644 robots.txt
```

휴지통과의 비교

물론 파일 아이콘을 휴지통에 드래그해 파일을 지우는 방법이 더 익숙할 것이다. 아니면 코다^{Coda}와 같은 일체형 에디터를 사용할 경우 내장된 파일 관리자를 사용하기도 할 것이다. Git에 파일 삭제 명령이 존재한다는 사실을 알아도 오랜 세월 동안 근육이 익힌 습관을 극복하기는 힘들다.

충분히 공감되는 게, 나 역시 프로그래머로서 명령행 환경과 Git을 오래 사용했음에도 불구하고 거의 항상 하던 방식(가장 편한 방식)으로 파일을 지우고 난 다음에 Git에게 파일 삭제를 명령했었기 때문이다.

그러나 `git rm`도 동일하게 실제로 파일을 삭제한다. 만약 파일을 사용자가 직접 지웠다면 `git rm`의 역할이 Git의 색인에서 해당 파일을 지우고 스테이징하는 것으로 축소될 뿐이다.

따라서 예전 방식대로 robots.txt 파일을 지웠다면 다음과 같이 실행하면 된다.

```
[master *] $: git rm robots.txt
rm 'robots.txt'
```

비록 그럴 필요가 없더라도 Git은 여전히 하드 드라이브에서 파일을 지우기 위해 `rm 'robots.txt'` 명령을 실행했음을 보여준다. 전혀 문제될 게 없다. 사용자가 이미 파일을 지웠다면 rm 명령이 아무 일도 하지 않을 것이기 때문이다.

파일 이름 변경: 이름에 대한 Git의 집착

다음엔 우리 웹사이트의 메인 스타일시트인 styles.css의 이름을 screen.css로 바꾸려 한다. 나중에 print.css와 같은 또 다른 스타일시트를 추가할 수도 있기 때문이다. 근육의 기억이고 뭐고 간에 가장 편한 방법으로 파일 이름을 변경하자. 예를 들어 맥OS의 파인더에서 파일 이름을 바꾸고 git status를 실행해보자.

```
[master *] $: git status
# On branch master
# Your branch is ahead of 'origin/master' by 2
commits.
#       (use "git push" to publish your local commits)
#
# Changes not staged for commit:
#       (use "git add/rm <file>..." to update what will
  be committed)
#       (use "git checkout -- <file>..." to discard
  changes in working directory)
#
# deleted:        css/styles.css
#
# Untracked files:
#       (use "git add <file>..." to include in what will
```

```
  be committed)
#
# css/screen.css
no changes added to commit (use "git add" and/or
  "git commit -a")
```

이제 styles.css의 삭제라는, 스테이징되지 않은 변경 작업이 보인다. 파일이 삭제됐다고?

추적되지 않은 파일에 보면 screen.css를 볼 수 있다. Git은 우리가 이름을 바꾼 파일을 추적되지 않은 완전히 새로운 파일로 여긴다. 인간이 보기에는 말도 안 되지만, Git의 극단적인 이름 기반 관점의 세계(더 정확히는 컴퓨터 파일 시스템)에선 충분히 논리적인 일이다.

Git은 추적되고 있던 'css/styles.css'라는 파일은 더 이상 **그 이름으로는** 존재하지 않는다고 말한다. 한편 'css/screen.css'라는 파일은 추적되지 않고 있다고도 알려준다. 우리가 그 이름으로 추적을 요청한 적이 없기 때문이다.

물론 동일한 파일이다. 이름만 두 개였다는 사실을 우린 안다. 그러나 Git은 그렇지 않다. 오직 특정 파일이 어떤 이름으로 알려져 있는지에만 의존하기 때문이다. 단지 파일 이름을 바꾼 것이 **우리에겐** 대수롭지 않게 느껴지지만, Git은 결과적으로 잘못된 커밋이 발생될 수 있는 여지를 없애기 위해 git 명령 이외의 방법으로 변경을 하는 행위에 대해 어떤 가정도 하지 않는다.

Git이 그와 같은 사안을 다루는 것이 어렵지 않아 보이므로 처음 이런 상황을 접하면 다소 실망스러울 수도 있다. 그러나 Git이 갖는 간단 명료함에 주목해보자. Git의 임무는 변경을 추적하고 커밋하는 일이다. 그게 끝이다. Git은 styles.css와 screen.css가 **정확히 동일한 내용**이라는 것을 알 수 있으나 그게 **뭘 의미**하는진 모른다. Git

은 같은 파일에 대한 두 개의 다른 경로 이름일 거라는 성급한 가정을 하지 않는다. 그 두 경로가 같은 파일이라는 것은 의미적으로만 그렇지, 데이터의 실질에 대한 것은 아니기 때문이다.

예를 들어 styles.css를 복사해 다른 이름으로 하나 더 필요했던 것이라면? 아니면 실수로 styles.css를 지운 것이었다면? 아무리 어리석어 보이는 일이라도 그와 상관 없이 Git은 모든 가능성을 허용한다.

`git status`로 되돌아 가보자. 우리에게 남은 건 잃어버린 파일 하나와 불가사의한 새 파일 하나다. 그 둘이 동일한 파일이라는 사실을 **우린** 알지만 Git은 모른다. 이제 Git의 이름 변경 기능인 `git mv`('move'의 약자)를 시도해보자.

```
[master *] $: git mv css/styles.css css/screen.css
fatal: bad source, source=css/styles.css,
    destination=css/screen.css
```

지워야 할 파일이 실제로 존재하는지 상관하지 않는 `git rm`과는 달리 `git mv`는 오직 작업 사본 안에서 이동하거나 이름이 변경돼야 하는 대상이 존재해야만 작동한다. 만약 파인더에서 직접 이름을 바꾸지 않고 처음부터 `git mv`를 사용했다면 아무 문제 없었을 것이다. 그러나 그렇게 하지 않았으므로 스테이징과 커밋할 다른 방법을 사용해야 한다.

Git은 파일 삭제(`css/styles.css`)와 새 파일 추가(`css/screen.css`)라는 두 가지 변경 사항을 바라보고 있으므로, 우리는 커밋하기 위해 각각에 대해 준비를 해야 한다.

먼저 `git rm`을 사용해 styles.css의 추적을 중단시킨다.

```
[master *] $: git rm css/styles.css
```

그 다음, `git add`를 사용해 새 이름을 가진 파일의 추적을 개시한다.

```
[master *] $: git add css/screen.css
```

두 명령을 실행했으면 현재 상태를 확인하자.

```
[master *] $: git status
On branch master
Changes to be committed:
  (use "git reset HEAD <file>..." to unstage)

        renamed:    css/styles.css -> css/screen.css
        modified:   ndex.html
```

이 결과는 만약 처음부터 `git mv`를 사용했다면 나왔을 응답과 정확히 **동일**하다. 파일을 삭제하거나, 이동시키거나, 이름을 변경할 때 Git의 내장 명령어를 사용하면 작업이 다소 수월할 수 있지만 그렇다고 필수는 아니다. 이 시나리오는 Git을 사용할 때 문제가 있어 보이지만 실제로는 단지 귀찮을 뿐인 상황 중 하나를 예로 들었다. 얼마나 자주 파일 이름을 변경하느냐에 따라 다르겠지만 Git의 방식으로 작업하는 것이 나을 수도 있고, 원래 익숙하던 방식으로 작업하고 다시 Git에게 알리는 것이 나을 수도 있다.

핵폭탄: git add --all

확신이 서지 않거나 시간이 없는 경우를 위해 Git은 로컬에서 변경된 모든 대상을 한 번에 스테이징해주는 핵폭탄급 옵션을 제공한다. 바로 git add --all(또는 짧게 git add -A)이라는 명령이다. --all 옵션은 여러 변경 사항을 한 번에 커밋하고자 할 때 필요하다. 웹페이지에 약간의 자바스크립트 로직을 추가하기 위해 js/site.js라는 새 파일을 만들고 이를 HTML 문서에서 링크시켰다고 하자. 이후 상태를 확인하면 다음과 같은 결과를 볼 수 있다.

```
[master *] $: git status
On branch master
Changes not staged for commit:
  (use "git add <file>..." to update what will be
  committed)
  (use "git checkout -- <file>..." to discard
  changes in working directory)

    modified: index.html

Untracked files:
  (use "git add <file>..." to include in what will
  be committed)

  js/
```

site.js라는 스크립트 파일을 포함하는 js 디렉터리는 새로운 디렉터리이므로 추적되지 않은 상태다. 또한 index.html에 스크립트 태그를 추가했으므로, 수정은 됐으나 스테이징되지 않은 상태다.

보통은 변경한 파일이나 디렉터리 각각에 대해 Git에게 명령을 내리겠지만, 그 대신 `git add --all`을 실행하고 상태를 확인하면 다음과 같다.

```
[master *] $: git add --all
[master *] $: git status
On branch master
Changes to be committed:
  (use "git reset HEAD <file>..." to unstage)

        modified: index.html
        new file: js/site.js
```

명령 한 번으로 모든 걸 커밋할 준비가 된 것이다.

앞의 예는 꽤 직관적이었다. 이번엔 좀 더 복잡한 예를 만들어보자. 커밋하기 전에 스크립트 파일이 들어 있는 디렉터리의 이름을 바꾸기로 하자. `mv` 명령을 사용해 `js`라는 이름이 아닌 좀 더 의미 있는 `scripts`라는 이름으로 바꾸고, HTML 문서의 자바스크립트 링크 부분을 바꾼 이름으로 수정한다.

```
[master *] $: mv js scripts
[master *] $: git status
On branch master
Changes to be committed:
  (use "git reset HEAD <file>..." to unstage)
```

```
        modified:   index.html
        new file:   js/site.js

Changes not staged for commit:
  (use "git add/rm <file>..." to update what will be
  committed)
  (use "git checkout -- <file>..." to discard
  changes in working directory)

        modified:   index.html
        deleted:    js/site.js

Untracked files:
  (use "git add <file>..." to include in what will
  be committed)

        scripts/
```

많은 일이 일어났다. 그러나 Git의 명성에 비하면 이 정도 복잡해 보이는 상황은 비교적 쉽게 따라가며 설명할 수 있는 수준이다. 먼저, 이미 스테이징했던 두 개의 변경 사항이 있다. 대체된 다른 변경 사항이 작업 사본에 있지만 그렇다 하더라도 이들 파일은 이미 스테이징 상태로 있다. 만약 이 상태에서 커밋을 하면 저장소에 저장되는 스크립트 디렉터리의 이름은 js가 된다. 비록 작업 사본에서의 디렉터리 이름이 scripts일지라도 말이다.

스테이징 단계에 변경 사항이 있다는 사실 외에도, Git은 아직 스테이징되지 않은 새로운 변경 사항에 대해서도 알려준다. 이미 봤듯이 js/site.js는 존재하지 않으므로 삭제된 파일로 취급되며, 대체된 scripts/site.js는 완전히 새로운 파일로 인식된다. 또한 index.html은 서로 다른 두 가지 상태를 모두 보이는데, 하나는 변경이 일어난 스테이징 상태이며 다른 하나는 변경이 일어났으나 아직 스테이징되지 않은 상태다. git add는 커밋에 포함시키기 위해 Git 데이터베이스의 파일 사본을 저장한다. 여기선 이미 스테이징된 index.html보다 새로운 버전이 있으므로 git add의 사용을 환기시켜주고 있다.

굉장히 난해한 상황으로 보이지만, git add --all은 이를 깔끔하고 신속하게 해결한다.

```
[master *] $: git add --all
[master *] $: git status
On branch master
Changes to be committed:
  (use "git reset HEAD <file>..." to unstage)

    modified: index.html
    new file: scripts/site.js
```

겉보기에는 모순되는 그 모든 변경 사항이 우리가 원하는 단 두 가지로 요약됐다. 이제 마지막으로 커밋을 해보자.

```
[master *] $: git commit -m "Add JavaScript"
[master 4af326c] Add JavaScript
  2 files changed, 1 insertion(+)
    create mode 100644 scripts/site.js
```

훨씬 간단하게 잘 처리됐다. 그리고 이런 질문 하나를 하게 만든다. '항상 `git add --all`을 사용하면 되지 않을까?' 솔직히 말하면 대부분의 경우 `--all`의 사용이 가능하며, 그렇게 하는 게 더 낫다. `--all`을 사용하면 시간을 절약할 수 있으며, 명령 횟수가 적을수록 혼란과 슬픔을 야기하는 실수를 할 기회가 적어진다. 이 옵션을 주면 작업 사본의 프로젝트 버전이 커밋하고자 하는 정확한 대상이라는 점을 Git에게 알려주는 셈이다.

그럼에도 불구하고 로컬 사본의 모든 변경 사항을 한 번에 커밋하는 이런 Git의 강력한 기능을 반드시 사용해야 하는 것은 아니다. 사용자의 작업 스타일이나 프로젝트의 요구에 따라 커밋 범위를 넓게 하거나 좁게 하는 등 정교한 제어가 가능하기 때문이다. 이게 스테이징 영역이라는 존재의 힘이다.

3 브랜치

지금까지 '버전'에 대한 얘길 계속 해왔다. 그런데 정말로 버전이란 무엇일까? 웹스터 사전에선 버전을 '어떤 측면에서 볼 때 동일 유형의 이전 형태나 다른 형태로부터 구분되는 특정한 형태'라고 정의한다. 이는 버전은 **순차적**sequential이거나 **반복적**iterative이라는, 즉 시간의 변화에 따른 형태를 나타내거나 혹은 다른 어떤 방식으로 차이가 있다는 의미다. 여기서 핵심은 버전이란 단순히 어떤 것의 복사본을 말하는 게 아니라, 주어진 관점에서 다른 복사본들과 무언가 다르거나 변경이 된 복사본을 의미한단 점이다.

현재의 스냅샷과 이전 상태의 차이를 추적하는 Git의 순차적 버전 방식은 커밋의 많은 작업 가운데 하나다. 모든 커밋에는 바로 이전 커밋, 다른 말로 **부모 커밋**parent commit의 참조가 포함된다. Git은 그 참조를 통해 과거의 모든 커밋을 연쇄적으로 해석할 수 있다. 그런 의미에서 커밋은 현재의 작업 상태와 이전 버전으로부터의 변경 사항 모두를 나타낸다.

이와 같은 버전 관계는 사용자가 그동안 어디에 있어 왔는지를 아는 데 중요하지만, 어디로 가고 있는지를 아는덴 항상 도움이 되진 않는다. 이 부분에서 바로 **브랜치**branch의 유용함이 드러난다. 브랜치는 프로젝트의 가상 복사본, 즉 프로젝트 안의 프로젝트이며, 저장소에서 일어나는 어떤 일과도 상관 없이 자유롭게 커밋할 수 있다. 브랜치를 이용하면 다른 실험을 한다거나 대체 작업을 한다던가 메모장 용도로 사용하는 등 마스터 브랜치라고 하는 '공식' 사본과는 별개의 다른 버전으로 관리하고 작업할 수 있다.

용감하게도 많은 사람들이 Git 브랜치를 다른 어떤 것과 비교해 설명하려 하지만, Git 브랜치의 아름답고도 강력한 기능을 왜곡시키지 않고 충분히 설명할 수 있는 그 어떤 유사품도 존재하지 않는다. 가장 좋은 방법은 브랜치 작업을 체계화하고 묘사하는 방법으로 브랜치를 브랜치 자체로 이해하는 것이다. 이를 위해 직접 나뭇가지(브랜치)를 키우는 것으로 시작하자.

브랜치 기초

모든 Git 저장소는 마스터 브랜치로 시작한다. `master`는 Git이 기본으로 부여하는 이름이다. 기술적으로 말하면 `master`는 다른 브랜치와 다를 게 없는 브랜치다. 다만 관례상으로 저장소에 저장된 프로젝트의 주된 안정 버전 역할을 한다. '주된' 또는 '안정'이라는 표현은 해당 사용자에게 큰 의미다. 팀원은 각자의 마스터 브랜치를 수시로 사용하게 될 거란 뜻이다. 기억해야 할 한 가지는 `master`는 가장 처음으로 작업하게 될 브랜치라는 점이다. 마지막 브랜치는 아니어도 된다.

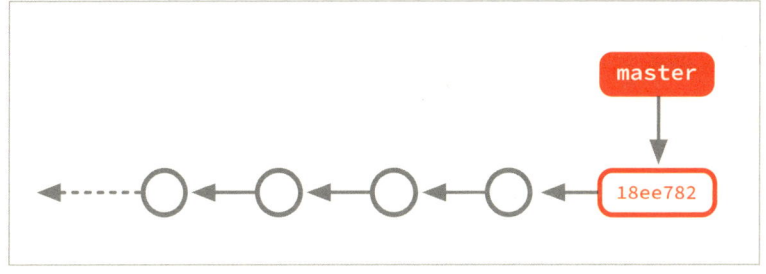

그림 3.1 빨간 테두리가 우리의 마지막 커밋이며, 현재의 브랜치가 이를 가리키고 있다.

첫 번째 새 브랜치를 만들기 전, 먼저 `git branch` 명령을 사용해 현재 로컬 저장소에 있는 브랜치 목록을 확인하자.

```
(master) $: git branch
* master
```

현재는 `master` 브랜치 하나밖에 없으며, 앞의 별표는 현재의 브랜치로 설정돼 있음을 의미한다.

이면을 보면 브랜치는 특정 커밋을 가리키는 나뭇가지라는 인간 친화적인 이름에 불과하다. 그림 3.1을 보면 빨간 테두리가 그려진 18ee782라는 마지막 커밋을 현재 브랜치인 `master`가 가리키고 있다. 브랜치는 결국 커밋들의 스택이며, 맨 위에 있는 커밋 또는 헤드 커밋head commit이 18ee782다. 나무에 비유해 헤드 커밋을 때로는 '팁tip(가지 끝)'이라고도 한다. 스택은 헤드 커밋을 시작으로 연속된 부모 커밋으로 이뤄져 있으며, Git이 따라 들어갈 수 있는 마지막은 저장소의 첫 번째 커밋이다.

보통은 브랜치를 일종의 장소로 여기고 싶은 마음이 생긴다. 즉, 커밋을 할 때 `master`는 그 커밋을 보내는 '장소'처럼 여겨진다. 비유적으로는 대부분 맞는 말이다. "새로운 푸터 링크를 어디에 커밋했지?" 와 같은 타당한 질문의 대답으로 브랜치 이름이 될 수 있다. 브랜치 이름을 마치 트래퍼 키퍼Trapper Keeper와 같은 바인더북 안의 폴더에 붙이는 이름처럼 생각해도 아무 문제가 없다.

물론 브랜치는 폴더와 다르다. 종이 한 장은 하나의 파일 폴더에만 넣을 수 있지만, Git의 커밋은 동시에 여러 브랜치에 속할 수 있기 때문이다. 그러나 문제되지 않는다. 궁극적으로 브랜치의 가장 중요한 역할은 작업 중인 특정 버전을 가리키는 new-homepage와 같은 다른 브랜치 이름과 구별되는 master라는 표지판 또는 북마크다. 그 점에 있어서 브랜치 이름은 지메일Gmail의 라벨과 동일한 역할을 한다. 하나의 메일에 '받은편지함'과 '엄마의 메시지'라는 라벨을 동시에 적용할 수 있듯이, 하나의 커밋을 master와 new-homepage 브랜치에서 찾는 일이 가능하다. 브랜치 이름이 라벨이나 표지판의 목적과 같진 않지만, 특정 커밋을 찾는 데 도움은 된다.

새 브랜치 시작하기

우리는 다음 프로젝트에서 홈페이지를 다시 디자인해 달라는 매우 중요한 요청을 받았다. 제대로 하려면 어느 정도의 시간이 필요하며 많은 커밋을 하게 될 것 같다. 그러나 작업이 완료되기 전에는 퍼블리싱하고 싶지 않으며, 또한 그 사이 다른 어떤 팀원도 기존 홈페이지를 건드리게 하고 싶지 않다.

결론은, 진행하면서 그 어떤 방해 없이 변경 작업을 할 수 있는 안전한 장소가 필요한 상황이다.

이를 위한 당연한 장소는 별도의 브랜치다. 이 브랜치를 Git 용어로 작업 브랜치working branch 또는 토픽 브랜치topic branch라고 한다. 토픽 브랜치는 토픽(주제)을 갖는다는 점에서 마스터 브랜치와 구별된다.

토픽이란 보통 그 브랜치 이름으로 사용될, 특정 관심사나 목적을 위한 작업을 나타낸다. 우리는 새로운 홈페이지를 만들 것이므로 브랜치 이름을 `new-homepage`로 정하자.

새 브랜치를 만들려면 `git branch` 명령 다음에 브랜치 이름을 주면 된다.

```
(master) $: git branch new-homepage
```

이렇게 하면 Git은 `new-homepage`라는 새로운 브랜치를 만들며, 현재 사용자가 위치해 있는 마지막 커밋을 시작점으로 한다. 현재 지정된 브랜치가 무엇이든 상관 없다. `git branch`는 오직 그 브랜치의 끝에 있는 헤드 커밋만을 찾는다. 지금은 `18ee782`가 `master`의 헤드 커밋이므로 `new-homepage` 브랜치 역시 `18ee782`를 헤드 커밋으로 시작한다. 그러나 `18ee782`를 가리키는 것 말고는, 두 브랜치는 서로 어떤 관계도 없다.

귀찮게도 Git은 `git branch`를 실행할 때 자동으로 새 브랜치로 이동시켜주지 않는다. Git은 새 브랜치를 만들었을 뿐 우리는 여전히 현재의 브랜치인 `master`에 위치해 있다. 또는 Git 용어로는 `master`가 **체크아웃**돼 있다.

브랜치 체크아웃은 두 가지 일을 한다. 첫째, 작업 사본을 그 브랜치의 헤드 커밋의 상태에 맞춘다. 그 다음 그 브랜치를 현재 브랜치로 설정함으로써 이후의 모든 새로운 커밋이 그 브랜치에 추가되도록 한다.

브랜치를 변경하기 위해선 `git checkout` 명령을 사용한다.

```
(master) $: git checkout new-homepage
Switched to branch 'new-homepage'
```

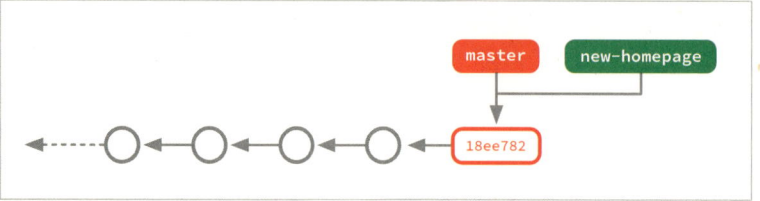

그림 3.2 아직 새로운 커밋을 하지 않은 상태에서 두 브랜치는 완전히 동일하다.

(new-homepage) $:

브랜치를 만들고 그 브랜치로 이동하기 위한 두 명령의 향연으로 쉽게 피로해질 수도 있다. 그래서 Git은 편리한 방법도 제공한다. git checkout을 할 때 -b 옵션을 주면 새로운 브랜치를 만들고 그 브랜치로 이동하는 일을 한 번에 해준다.

(master) $: git checkout -b new-homepage
Switched to a new branch 'new-homepage'
(new-homepage) $:

어떤 방법으로 하든 일단 새 브랜치를 만들고 이동했다면 git branch로 확인해봐야 한다.

(new-homepage) $: git branch
　 master
* new-homepage

별표를 통해 new-homepage가 현재의 브랜치로 설정됐으며, 다음 커밋부터는 이 브랜치에 추가될 것임을 알 수 있다.

현 시점에서 `master`나 `new-homepage`에 아직 어떤 커밋도 추가하지 않았으므로, 두 브랜치는 그야말로 같다. 즉, 완전히 동일한 커밋을 가리키는, 이름만 다른 두 브랜치가 존재하는 것이다.

Git이 브랜치를 다루는 원리 가운데 멋진 것 하나는 대부분 사용자가 걱정할 일이 없단 점이다. 두 브랜치는 직관적으로는 동일하나 **논리적**으로는 별개다. `master`와 `new-homepage`의 내용이 같다 하더라도, 하나의 사본에 이름이 두 개인 것이 아니라 서로 다른 논리적 사본이 두 개인 것이다.

사용자가 신경 써야 할 것은 현재 설정된 브랜치다. 지금은 두 브랜치가 같더라도 이후엔 다른 길을 갈 것이기 때문이다. `new-homepage` 브랜치를 체크아웃하는 것은 지금부터 공식 타임라인으로부터 갈라져 나와, 나중에 최종 제품 버전이 될지도 모르는 별도의 다른 작업을 시작할 거라는 의지의 표명이다.

잠시 의미론적인 상세 내용을 짚어보자. `master`와 `new-homepage` 브랜치는 현재 동일하다. 실제로는 `18ee782`가 두 브랜치의 헤드 커밋이라는 의미다. 따라서 두 브랜치는 모두 저장소의 첫 커밋부터 시작하는 연쇄된 모든 커밋을 **포함**한다고 말할 수 있다. 우리가 다뤘던 브랜치는 `master`이고 `master` 이외의 곳에서 커밋을 한 적이 없으므로, 우리 프로젝트의 모든 히스토리는 두 브랜치에 다 포함돼 있다.

이 얘길 꺼낸 이유는 `master`가 아닌 다른 브랜치에서 커밋을 해보기 위해서다. 우리는 이미 `new-homepage` 브랜치를 체크아웃했으므로 앞으로 할 모든 일은 마스터 브랜치가 아닌 토픽 브랜치에서 이뤄질 것이다.

그러나 아직은 아니다.

나뭇가지의 끝

다시 디자인되는 새 홈페이지에 대한 계획이 아무리 원대하더라도 어디서부턴가 시작은 해야 한다. 지금은 쉬운 것부터 시작하자. 이를테면 플랫 디자인Flat Design 적용을 위해 웹사이트 헤더의 배경색을 그라데이션의 파란색에서 평범한 회색으로 바꿨다고 하자.

이제 변경된 CSS를 커밋하자.

```
(new-homepage *) $: git commit -am "Change
  background color on header"
[new-homepage b26b038] Change background color on
  header
1 file changed, 1 insertion(+), 1 deletion(-)
```

진행하기 전에 하나 알려줄 것이 있다. `-am`은 이미 알고 있는 두 가지 옵션인 `-a`(변경된 파일을 커밋에 추가)와 `-m`(커밋 메시지 지정)을 합친 것이다. 대부분의 명령행 툴은 이처럼 여러 옵션을 하나로 조합하는 것을 허용한다. 유일한 제약 사항은 그 중 인자를 받을 수 있는 옵션(여기선 `m`)은 하나만 있어야 하며 그것도 마지막에 있어야 한다는 점이다. 이런 옵션의 특별한 조합은 매우 편리하므로, 하나의 명령으로 변경 사항을 커밋하는 경우가 많이 생길 것이다.

이 커밋을 추가함으로써 이제 마스터 브랜치와 토픽 브랜치는 갈라졌다. `new-homepage` 브랜치는 하나의 커밋을 가졌으나 `master`는 그렇지 않기 때문이다.

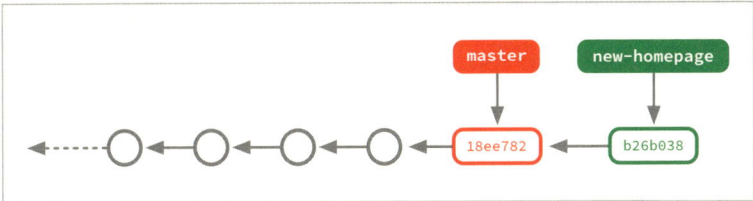

그림 3.3 두 브랜치는 새로운 커밋 하나를 제외하면 완전히 겹친다.

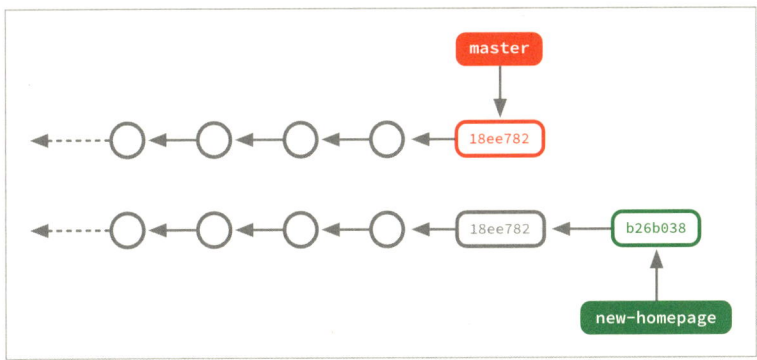

그림 3.4 공교롭게도 거의 같아 보이지만, 두 브랜치를 별개의 논리적 사본으로 볼 수 있다.

그림 3.3은 Git이 저장소의 현재 상태를 어떻게 파악하는지 대략적으로 보여준다. 두 브랜치는 new-homepage 브랜치에 추가된 새로운 커밋 하나를 제외하면 완전히 겹친다.

브랜치는 실제 이렇게 동작한다. new-homepage 브랜치가 b26b038을, master는 18ee782를, b26b038은 부모 커밋인 18ee782를 가리킨다.

브랜치의 동작을 이해하는 또 다른 방법도 있다. 공교롭게도 거의 같아 보이지만, 두 브랜치를 각자 완전한 타임라인을 갖는 별개의 논리적 사본으로 보는 방법이다(그림 3.4).

기술적으로 Git은 커밋을 생성시킬 뿐만 아니라 그 커밋을 가리키도록 현재 브랜치의 포인터를 이동시킨다. 좀 더 쉽게는 새로 추가한 커밋이 기존의 헤드 커밋을 대체한다는 말이다. 부모 커밋의 참조 덕분에 브랜치의 혈통을 거슬러 올라 가장 첫 조상까지 추적할 수 있으며, 두 브랜치가 공유하는 역사를 그래프로 나타낼 수 있다. 그러나 실전에선 대부분의 경우 스택의 가장 위에 있는 커밋이 관심사다.

왜냐하면 브랜치의 헤드 커밋은 다음에 추가될 커밋의 기반이 되기 때문이다. Git 브랜치에서의 작업은 **우아한 시체**exquisite corpse(http://bkaprt.com/gfh/03-01/)에 참여하는 일과 비슷하다. 우아한 시체란 20세기 초반 초현실주의 작가들이 만든 협동 미술 프로젝트의 일종이다. 각 참여자는 바로 이전 참여자가 그린 마지막 일부만 볼 수 있다. 한 사람이 먼저 종이의 상단 3분의 1 가량에 그림을 그린다. 그 다음 그림 밑부분의 약간만 보이도록 종이를 접어 다음 사람에게 넘기면, 다음 사람은 그 그림에 이어서 자신의 그림을 그리고 종이를 접어 다음 사람에게 넘기는 식으로 진행한다. 우아한 시체의 현대식 버전 중 하나로 레이어 테니스Layer Tennis라는 대회가 있는데, 여기선 두 디자이너가 하나의 포토샵 파일을 주고 받으며 매번 자신의 레이어를 추가하며 진행된다(http://bkaprt.com/gfh/03-02/).

Git을 사용해 작업하거나 협업할 때는 커밋, 브랜치, 타임라인 등 전체 시스템에 대해 너무 신경 쓰지 말기 바란다. 그것들은 극도로 가치가 있으며, 필요할 때 항상 거기에 있다. 그러나 작업하는 매 순간에는 마지막 커밋에서 다음 커밋으로 한 걸음씩 진행하는 일에만 집중하기 바란다.

브랜치 이름

브랜치를 어떤 용도로 사용할 것인지 정해진 법칙은 없다. 앞서 언급했듯 서로 다른 팀은 각자의 방식으로 브랜치를 사용하기 때문이다.

물론 애매모호하긴 하지만 몇 가지 관례가 있긴 하다. 예를 들어, 모든 Git 저장소에는 master 브랜치가 있으며 보통 master는 사용자 프로젝트의 '주된' 또는 '기본' 브랜치를 의미한다. 그러나 사용자 작업의 맥락에서 '주된' 또는 '기본'이라는 의미는 사용자가 결정하기 나름이다.

일부 대형 오픈소스 소프트웨어 프로젝트, 예를 들어 루비 온 레일즈Ruby on Rails와 같은 프로젝트에선 다음 출시를 위한 모든 최첨단 작업을 위해 master 브랜치를 사용하며, 주기적으로 새로운 '안정stable' 브랜치를 분리시켜 코드를 완결하고 프레임워크의 실제 버전을 만드는 데 이용한다. 웹사이트나 웹 기반 애플리케이션 프로젝트에서 일반적으로 사용하는 또 다른 방법으로, 하루에도 여러 번 웹 서버에 배포하는 프로젝트의 출시 버전으로서 master 브랜치를 이용하는 방법이 있다.

이 두 종류의 프로젝트에서 공통점은 토픽 브랜치의 사용이다. 단 하나의 정답이 있을 수는 없지만, Git을 사용하는 팀들이 많은 경우 브랜치와 관련한 작업에 있어서 채택하는 기본적인 워크플로는 존재한다.

먼저 누군가가 master의 최근 버전을 체크아웃하고, 원하는 업무의 이름을 딴 새로운 브랜치를 그 커밋에서부터 분리시킨다. 앞서 우리가 new-homepage 브랜치를 만들었듯이 말이다. new-homepage 브랜치는 토픽 브랜치의 한 예다. 새 홈페이지 디자인을 적용하는 일이 토픽(주제)이며, 브랜치를 갈라놓음으로써 master의 버전과 섞

일 걱정 없이 자유롭게 작업할 수 있다.

브랜치를 분리시켰으므로 새로운 아이디어나 기능에 대해 작업하면서 커밋을 추가할 수 있다. 이 와중에 `master`는 새 브랜치에 속하지 않은 커밋을 받아들이며 자신의 진화를 계속한다. 어느 브랜치에서의 작업도 두 브랜치가 공유하는 히스토리를 변경하지 못한다. 한 브랜치의 변경 사항은 나머지 브랜치의 변경 사항과 완전히 격리돼 있다.

예를 들어 곧 새해가 다가오고 있으므로 현재 운영 중인 사이트의 저작권 표기 부분에서 연도를 변경해야 하는데, 지금 새로 디자인하는 홈페이지 작업 중에 있다고 하자. 일단 지금까지의 변경 사항을 `new-homepage` 브랜치에 커밋하고, `git checkout`을 사용해 다시 `master`로 돌아가자.

```
[new-homepage] $: git checkout master
Switched to branch 'master'

[master] $:
```

연도 표기를 수정하고 변경 사항을 커밋한 다음엔 다시 `git checkout new-homepage`로 쉽게 되돌아올 수 있다.

브랜치의 이름은 자신의 존재 이유를 논리적으로 설명할 수 있어야 한다. 무슨 작업인지 식별할 수 있는 함축적인 레이블을 고민하기 바란다. 예를 들어 32비트용 크롬Chrome 브라우저의 버그 해결을 위한 브랜치 이름을 `fix-chrome32-bug`로 지을 수 있다. 또는 더 구체적으로 `fix-chrome32-webfont-bug`로 하거나, 아니면 포괄적으로 `bugfix`라고 할 수도 있다. 가급적 공간을 낭비하지 않으면서 다른 브랜치와 구별할 수 있도록 어느 정도로 구체적으로 할 것인지 정해야 한다. 비록 커밋과 달리 브랜치는 완전 삭제가 가능하다 하더라도, 브랜치 목록이 사용하는 공간은 커밋 로그보다 더 크다. 브랜치의 이름이 완벽하게 설명적이지 않아도 좋다. 다만 **충분히** 설명적일 필요는 있다.

병합

때로는 브랜치가 임시로 작업하고 버릴 작업을 위한 장소로 사용될 수 있다. 이 점이 버전 관리 시스템에서 브랜치가 갖는 매력 가운데 하나다. Git의 경우엔 특히 그렇다. 브랜치는 매우 빠르고 값싸며 master와 버전을 맞춰야 할 어떤 의무도 없기 때문이다.

그럼에도 불구하고 대부분은 궁극적으로 마스터 사본에 합치기 위한 의도로 브랜치를 이용한다. 마찬가지로 토픽 브랜치와는 독립적으로 진행되고 있는 master로부터 변경 사항 전체나 일부를 현재 작업 중인 토픽 브랜치로 반영하고 싶을 수도 있다. 왜냐하면 브랜치에 저장된 웹사이트 버전을 가급적 최신으로 유지하고 싶거나(새로 작업한 사항 이외의 모든 나머지가 반년 전의 것인 새 웹사이트를 자랑하고 싶진 않을 것이다), 또는 새로운 작업 결과가 master에 쉽게 합쳐질 수 있는지 확인하고 싶을 수 있기 때문이다.

병합merging이란 둘 이상의 서로 다른 브랜치(보통은 두 브랜치)를 양쪽 특성을 모두 갖는 하나의 통합된 버전으로 합치는 작업이다. 예를 들어 master 브랜치가 현재 운영되고 있는 웹사이트 버전을 갖고 있다고 하자. 그런데 다른 팀원이 사이트의 연락처 정보에서 에러를 발견, update-contact-info라는 새 토픽 브랜치를 만들어 에러를 수정했다. 이제 필요한 것은 update-contact-info에서 수정된 연락처 정보를 master 브랜치의 버전에 적용하는 일이다.

이를 위해 먼저 master 브랜치를 체크아웃한다.

```
[update-contact-info] $: git checkout master
Switching to branch 'master'

[master] $:
```

그 다음엔 git merge 명령을 사용해 다른 브랜치의 변경 사항을 가져온다.

```
[master] $: git merge update-contact-info
Updating 286af1c..885e3ff
Fast-forward
```

됐다! 이제 이전의 모든 사항에 더해 개정된 연락처 정보까지 추가로 포함된 master 버전이 됐다. 잠시 돌아가서 내부적으로 정확히 어떤 일이 일어 났는지 알아보자.

병합의 구성

  Git의 데이터 관리 측면에서 볼 때, 현재 브랜치에 다른 브랜치의 모든 사항을 포함해 완료하고 싶다면 두 가지 조건이 필요하다.
  첫째, 다른 브랜치에서 만든 커밋이 비록 순서 변동이 있을지라도 커밋 로그에서 모두 보여야 한다. 기본적으로 현재 위치까지 오게 한 히스토리가 필요하며, 지금까지의 모든 작업을 포함하는 계보를 두 브랜치를 통해 거슬러 올라갈 수 있어야 한다.
  더 중요한 두 번째 사항은 두 브랜치의 모든 변경 사항이 결합된 프로젝트 파일과 폴더 사본이 최종적으로 필요하다는 점이다. 병합

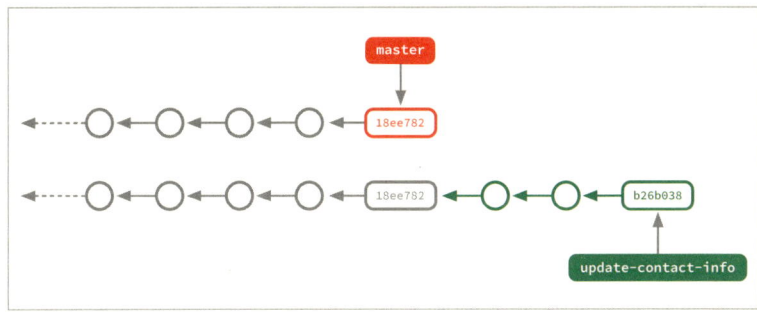

그림 3.5 update-contact-info 브랜치에는 커밋이 몇 개 더 있는 반면 master는 그대로다. 한쪽 브랜치만 변경됐으므로 병합 후의 상태는 update-contact-info와 동일할 것이다.

한 이후의 커밋도 예외는 아니어서, 어떤 사람 또는 어떤 것이 새롭게 통합된 프로젝트 버전을 구성하는 책임을 져야 한다.

대부분의 경우 프로젝트의 병합된 사본을 구성하는 책임을 지는 '어떤 것'이란 Git을 말한다. 그리고 Git은 그와 관련한 몇 가지 전략을 갖고 있다.

패스트 포워드

가장 단순하고 쉬운 종류의 병합이 패스트 포워드fast-forward다. 말 그대로 빠른 전진을 말한다. 앞서 연락처 페이지 갱신에 있어서 브랜치를 나눈 이후 master에는 어떤 변경도 없었다. update-contact-info 브랜치에서의 변경 사항은 모두 master 브랜치의 마지막 커밋 이후에 추가된 커밋이다(그림 3.5).

여기서 git merge는 병합 이후 프로젝트 상태를 파악하기 위한 어떤 일도 할 필요가 없다. 왜냐하면 오직 한쪽 브랜치만 변경됐기 때문이다. 따라서 병합된 후의 상태는 update-contact-info 브랜치와 동일하게 될 것이다. Git이 할 일은 오직 master 브랜치의 북마크

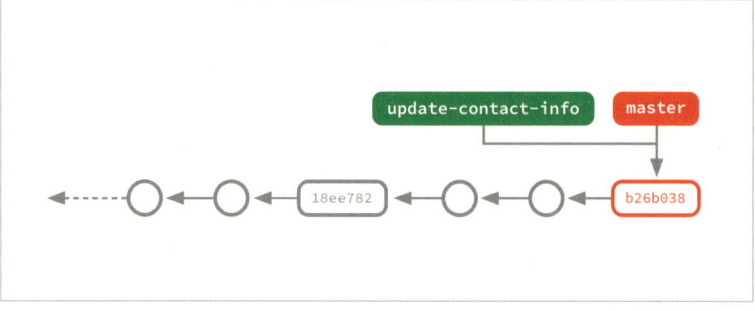

그림 3.6 master 브랜치의 북마크가 현재 커밋에서 다른 브랜치의 헤드 커밋으로 이동된다.

를 현재 커밋에서 다른 브랜치의 헤드 커밋으로 이동시키는 것뿐이다(그림 3.6).

패스트 포워드 방식을 따르면 두 브랜치는 단순히 같은 커밋을 가리키게 되며, 이름만 빼고는 두 브랜치의 모든 사항이 동일하게 된다.

병합 커밋

패스트 포워드가 매끄럽고 명확하긴 하나, 그 대신 오직 하나의 브랜치에만 새로운 커밋이 있을 때 가능하다. 팀의 규모나 프로젝트 변경 빈도에 따라 다르지만, 보통은 드문 일이다. 그 외 대부분의 경우 Git은 '진정한 병합'을 한다. 프로젝트의 조합된 상태가 어떻게 보여야 하는지 파악하고, 새로운 병합된 버전을 나타낼 스냅샷을 만들며, 마지막으로 **병합 커밋**merge commit이라는 특별한 커밋을 추가해 모든 것을 함께 묶는다.

연락처 정보 갱신 예제로 돌아가, master와 update-contact-info 브랜치가 갈라진 후에 각자 한 개의 새 커밋이 추가됐다고 가정하자. 두 브랜치 모두 변경 사항이 있기 때문에 Git은 두 브랜치가 안전

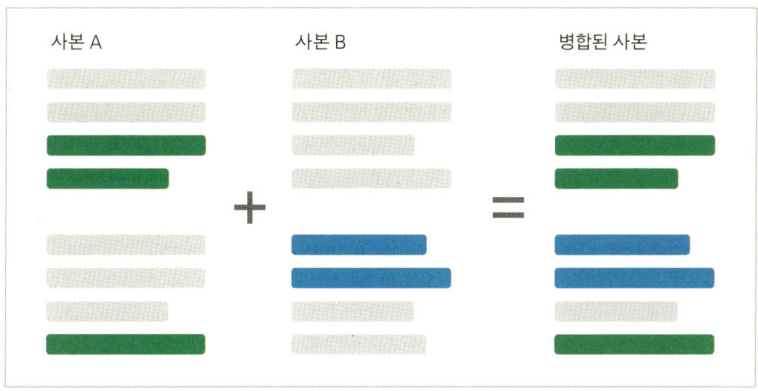

그림 3.7 단순한 병합의 경우, Git은 두 브랜치에서 변경된 라인만을 찾아 결합해 병합된 스냅샷을 만든다.

하게 병합됨을 보장하기 위해 약간 작업을 해야 한다. Git은 먼저 두 버전의 가장 최근 공통 조상을 찾아 각 브랜치의 헤드 커밋의 변경 여부를 식별하고, 이를 기준점으로 삼아 변경된 내용과 순서를 파악한다. 그런 다음 두 브랜치의 각자 변경된 내용을 기준점의 내용과 비교한다. 만약 둘 중 한 브랜치에 변경된 한 라인이 있다면, 그 줄은 최종 병합 사본으로의 포함을 위해 이전된다. 두 브랜치가 같은 라인에 대한 각자의 변경 사항을 갖고 있지 않는 한, Git은 모든 사항을 자동으로 병합한다.

일단 병합된 스냅샷이 자동으로 생성되면, 기본적으로 Git은 'update-contact-info 브랜치를 master에 병합했다'는 자동으로 생성된 메시지와 함께 이 일을 마무리 짓고 커밋한다.

물론 기본적으로만 그렇단 말이다. `git merge`에 `-no-commit` 옵션을 주면 Git은 병합된 버전을 만들어 스테이징하고, 커밋은 하지 않는다. 자동 메시지로도 충분함에도 불구하고 굳이 직접 커밋 메시지를 만들고 싶은 경우에는 `-no-commit` 옵션을 사용할 수 있다. 또 다른 경우는 같은 커밋 안에서 다시 변경하고 싶다거나, 심지어는 `git merge --no-commit`을 매번 실행하면서 서로 다른 많은 브랜치로부터 변경 사항을 차례로 병합해 마지막에 단 한 번만 커밋하고 싶을 때다. 그러나 그렇게 할 경우 작업량을 절약할 수 없으며 병합 커밋으로 표시됨으로써 얻을 수 있는 이득을 포기해야 한다. 한마디로 말하면, 굳이 하지 않을 이유가 없다면 표준적인 자동 병합을 사용하는 것이 가장 좋다.

병합 커밋은 몇 가지 고유한 특성이 있다. 예를 들어 오직 하나의 부모 커밋만 가지는 보통의 커밋과는 달리, 병합 커밋은 둘 이상(보통은 둘)의 부모를 가질 수 있다(그림 3.8). 그러나 대부분 병합 커밋은 다른 커밋과 유사하며 동일한 규칙을 준수한다.

몇 가지 이유 때문에 일반적으로는 토픽 브랜치를 `master`의 마지막 버전으로부터 너무 멀리 떨어지지 않게 하는 것이 좋다. 토픽 브랜치의 수명은 짧으며 또한 우리의 최종 목표는 토픽 브랜치를 `master`로 병합하는 데 있다고 간주하자. 따라서 토픽 브랜치를 `master`와 비교적 가깝게 유지하는 것이 결과적으로 순조로운 병합을 만들 수 있으며 무시무시한 병합 충돌의 위험을 줄일 수 있는 길이다.

따라서 `master`로부터 새 커밋을 현재의 브랜치로 병합해 최신 상태를 유지할 일이 자주 있을 것이다.

```
(new-homepage) $: git merge master
Updating c7038f8..1c4b16a
Fast-forward
    Makefile                    |    7 ++
    Rakefile                    |   15 ++--
```

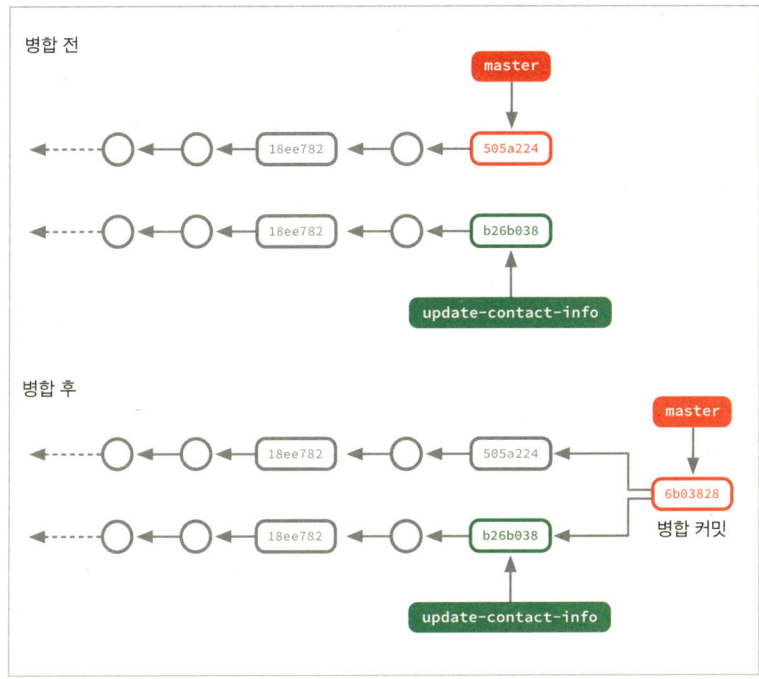

그림 3.8 master와 update-contact-info 브랜치는 공통 조상인 18ee782 이후에 각자의 커밋을 갖고 있으므로, Git은 이를 결합하기 위해 각 브랜치의 직전 커밋 모두를 부모로서 참조하는 병합 커밋을 만든다.

이상적으로는 각 토픽 브랜치는 자신의 주제와 관련해선 master와 달라야 한다. 예를 들어 new-homepage 브랜치는 새 홈페이지 구성에 필요한 변경 사항은 갖고 있어야 하지만, 그와 상관 없는 어떤 변경 사항이나 master의 예전 버전으로 회귀하는 어떤 사항도 가지면 안 된다. 이는 update-contact-info든 add-web-fonts든 어떤 토픽 브랜치에 있어서도 마찬가지다.

브랜치 **89**

병합 충돌 다루기

앞서 봤듯이 Git은 두 브랜치를 자동으로 병합해준다. 그러나 때때로 두 브랜치를 어떻게 병합해야 맞는지 명확하지 않은, 즉 Git이 사용자에게 도움을 요청해야 할 경우가 있다. Git을 사용할 때 가장 짜증나는 시나리오 중 하나이며, 이를 처음 봤을 때는 정말로 무서울 수 있다. 그러나 실제로는 그리 나쁜 상황은 아니다. 이제 공포의 **병합 충돌**merge conflict에 대해 알아보자.

병합 충돌은 보통 병합할 두 라인이 겹칠 때 발생한다. 즉, 두 개의 다른 버전이 같은 파일의 같은 라인을 변경했다는 의미다. 정상적인 상황에서 Git은 자기 마음대로 충돌을 해결하지 않는다. 해결할 수 있으면 하되, 그렇지 않으면 커밋을 중단하고 사용자가 직접 해결하길 요구한다.

병합 충돌을 해결하는 과정은 커밋하는 과정과 매우 유사하다. 앞서 말한 부분을 보강만 한다면 병합 커밋도 결국 커밋일 뿐이다. 두 부모를 갖고 있어서 두 개의 이전 버전을 합해 하나의 통합된 버전을 만든다는 것 외에는 다른 커밋과 동일한 규칙과 절차를 따른다. 즉, 포함하고자 하는 변경 사항을 먼저 스테이징하고 그 다음에 커밋을 하는 것은 마찬가지다.

병합 커밋의 특별한 점은 Git이 얼마나 많은 일을 자동으로 하느냐에 있다. 짓궂게도 이는 병합 충돌이 초보자를 내쫓는 방법 중 하나다. Git이 사용자에게 직접 작업할 것을 요청할 시점이면 병합 커밋은 이미 대부분을 스테이징했을 것이다. 마치 누군가가 커밋을 위한 작업을 해오다가 일부를 완료시키지 않은 채 남겨둔 상황과 비슷한데, 사실 Git이 정확히 그렇게 한 것이다.

충돌 상황에서 Git이 브랜치를 봤을 때 마지막 커밋 이후에 변경된 모든 파일을 성공적으로 병합할 수 있다면, 그 변경 사항들은 자동으로 스테이징 영역에 추가될 것이다. 사용자는 그런 변경 사항에 대해선 아무 걱정할 것도, 해줘야 할 일도 없다.

이제 의사가 '조금 아플 수 있어요'라고 말하는, 그와 비슷한 상황으로 가 보자. Git은 동일한 파일의 두 사본을 자동으로 병합하지 못할 때는 작업 사본에 표시하고 둘 중 맞는 버전을 수동 선택하라고 사용자에게 요청한다. 여기서 '수동 선택'이란 말이 실제로 의미하는 바를 보자. Git은 충돌이 있는 각 파일에 **충돌 마커**conflict maker 라고 하는 불가사의하고 난해한 표식을 넣는다. 그리고 사용자는 충돌이 표시된 부분을 병합되기 원하는 버전으로 일일이 교체해야 한다.

예제를 통해 더 자세히 알아보자. 회사 동료인 메건Meghan이 얼마 전 영업 본부장에서 부사장으로 승진했다. 이에 우리는 회사 소개 About 페이지에 메건의 새 직급을 추가하기 위해 promote-meghan 브랜치를 만들어 작업 중이다. 같은 시간에 또 다른 팀원은 회사 소개 페이지의 HTML 구조를 수정하기 위해 about-page-class-names 브랜치에서 작업 중인데, 메건의 예전 직급을 둘러싸는 마크업의 변경도 포함돼 있다. 두 변경 작업은 무해한 듯 보이지만, 실은 재앙이 일어날 조건이 갖춰진 것이다.

먼저 about-page-class-names가 master로 병합됐다고 가정하자. 따라서 새 HTML 구조가 master에 포함됐을 것이다. 다음엔 성실한 Git 사용자인 우리가 git merge master를 실행해 promote-meghan 브랜치를 갱신한다.

```
(promote-meghan) $: git merge master
Auto-merging about.html
CONFLICT (content): Merge conflict in about.html
Automatic merge failed; fix conflicts and then
```

commit the result.

이런! 병합 충돌이다! 이 상황에서 about.html 파일을 열면 다음과 같이 보일 것이다.

```
<div class="team-member">
  <h2>Meghan Somebody</h2>
<<<<<<< HEAD
  <p class="title">Vice President, Market
  Development</p>
=======
  <p class="job-title">Director of Sales</p>
>>>>>>> master
</div>
```

꺾쇠괄호가 연속으로 있는 라인이 충돌 마커이며 두 충돌 마커 사이가 충돌 영역이다. 충돌 영역에선 충돌하는 라인의 두 가지 버전을 연속된 등호 표시로 구분해서 보여준다. 충돌 영역의 상단은 `HEAD`로 식별할 수 있는 현재 브랜치의 파일 버전을 보여준다. `HEAD`는 '브랜치 헤드 포인터'에 대한 Git의 이름이며 '특정 브랜치의 가장 상위에 있는 커밋'에 대한 별칭이다. 또한 '작업 사본에 현재 체크아웃돼 있는 커밋'과 같은 의미다. 여기선 메건의 새 직급은 반영돼 있지만 CSS 클래스 이름(`class="title"`)은 여전히 예전 것이다.

충돌 영역의 하단은 현재 우리가 병합하고자 하는 버전을 `master`라는 이름으로 보여준다. 보다시피 CSS 클래스 이름은 `class="job-title"`로 갱신돼 있으나 직급 표시는 그렇지 않다. 언뜻 사소한 차이처럼 보이지만, Git에게 있어선 어떤 버전이 맞는지와 어떻게 조합해야 맞는지 함부로 가정하면 안 될 만큼 충분히 큰 차이다. Git 은 직급에 대해 아는 것이 없으며, HTML을 작성할 수도 없다. 하나 씩 확인하며 병합된 버전을 만드는 일은 전적으로 인간 사용자에게 달렸다.

이 충돌을 해결하려면 꺾쇠괄호 사이의 모든 내용은 병합 가능 하도록 우리가 원하는 코드로 대체해야 한다.

```
<div class="team-member">
  <h2>Meghan Somebody</h2>
    <p class="job-title">Vice President, Market
    Development</p>
</div>
```

이 수작업으로 만든 병합에는 새 CSS 클래스 이름과 새 직급이 모두 포함됐다. 다음은 이 버전을 스테이징 영역에 추가함으로써 충 돌 해결을 공식화할 수 있다. 스테이징은 이 버전이 문제가 없는 공 식 버전임을 승인하며, 이를 Git에게 알리는 행위다.

```
(promote-meghan *) $: git add about.html
```

이제 우리가 했던 일을 설명하는 메시지와 함께 커밋함으로써 이 병합을 완성시키자.

```
(promote-meghan *) $: git commit -m "Merge branch »
  master into promote-meghan, w/ resolved conflicts"
```

충돌을 해결한 병합 커밋이긴 하지만, 이것도 **어쨌든 커밋일 뿐이다.**

흥분되는 얘기로 들릴지 모르겠지만, 충돌하는 두 라인 가운데 하나를 반드시 사용할 의무는 없다. 예를 들어 메건에게 더 높은 직급을 주고 싶어서 'CEO'로 바꿀 수도 있다(나중에 사실을 알게 된 진짜 CEO로부터 메일을 받아도 놀라지 말기 바란다). 마지막 커밋을 할 때 파일 내용이 무엇이 됐든, 그 버전이 병합에서의 '승리자'다.

이와 같은 충돌 해결 메커니즘은 간단하다못해 무척 단순하기까지 하다. 즉, 별로 철저하지 못한 사람이라면 전체가 충돌 마커로 가득 찬 파일을 보게 되는 일도 가능하다. Git은 사용자가 그 내용을 모두 알고 있을 것이며 직접 충돌을 없앨 수 있을 거라 믿기 때문이다. 뜻하지 않게 충돌 마커나 그 외 엉뚱한 내용을 파일에서 본다 해도 당황하지 말기 바란다. 그냥 조용히 문제를 하나씩 해결하고 스테이징한 후 커밋하면 된다. Git은 그 속을 알 수 없는 상대이긴 하지만, 적어도 일관성은 갖고 있다.

병합 충돌은 사실 무섭다기보단 짜증나는 일이긴 하다. 가능하다면 자주 `master`를 병합함으로써 병합 충돌을 예방할 수 있다. 완벽하게 걸려들 수밖에 없는 예제를 보여주고는 이제 와서 무슨 터무니없는 얘기냐고 할 수도 있다. 그러나 앞의 예제는 두 브랜치에서 변경 작업을 하는 상황에선 피할 수 없는 병합 충돌의 실례다. `master`를 병합해봄으로써 우리는 이제 작고 간단한 한 줄짜리 충돌을 다룰 수 있게 됐다. 나중에 더 많은 충돌 사항을 보게 되면 진행하던 일을 멈추고 정성껏 충돌 사항을 없애 나가야 할 것이다.

마스터 브랜치와 토픽 브랜치 서로를 최신으로 유지하는 목적은 충돌을 방지하는 데 있다기보다는, 두 브랜치의 차이를 최소로 유지함으로써 충돌을 쉽게 관리하는 데 있다. 대부분 신중하게 병합한다면 충돌은 일어나지 않을 것이다. 그러나 최선의 노력에도 불구하고 어쨌든 병합 충돌이 일어나기도 한다. 팀원 두 명이 각자가 바람직한 의도로 변경 작업을 하는 경우 충돌은 언제든 발생할 수 있지만, Git이 해법을 가지고 있다는 사실이 위안이 될 것이다. 그리고 그 Git의 해법이란 언제나 커밋이다.

4 리모트

지금까지 우리가 했던 모든 변경 사항과 커밋은 단 한 장소에서 이 뤄졌다. 바로 우리의 로컬 컴퓨터다. 따라서 아주 깔끔했다. 저장소 가 오로지 서버에서만 관리되므로 변경 사항을 커밋하기 위해선 반 드시 사용자가 온라인이어야 하는 다른 버전 관리 시스템과는 달 리, Git은 기본적으로 오프라인에서 운영된다. 이는 홀로 수행하는 프로젝트라면 어떤 서버에의 접근도 필요 없고 어떤 계정도 만들 필요 없이 강력한 버전 관리의 혜택을 누릴 수 있다는 의미다.

물론 나 홀로 작업만을 위해 Git을 사용하는 것은 아니다. 많은 사람들이 협업을 위해 Git을 사용한다.

'버그'라는 단어를 만든 그레이스 호퍼가 했던 유명한 말이 있다. "항구에 있는 배는 안전하다. 그런데 배는 그러려고 만든 게 아니 다." 지금까지 했던 모든 커밋은 이 속담 속 항구와 같은 로컬 컴퓨터 안에 안전하게 존재한다. 그러나 이제 출항시켜야 할 때가 됐다.

리모트 저장소remote repository는 내 컴퓨터가 아닌 원격에 있는 Git 프로젝트의 사본을 말한다. 네트워크 안의 다른 컴퓨터나, 다른 어딘가에 있는 누군가의 컴퓨터, 또는 GitHub와 같은 온라인 서비스가 이에 해당된다. 지금까지 '로컬' 저장소라고 말할 때에는 현재 작업하고 있는 단 하나의 저장소만을 의미했다. 그러나 Git을 통해 다른 폴더에 두 번째 사본을 만들어 이를 리모트 저장소라고 여겨도 문제는 없다.

리모트는 Git의 가장 성공적인 추상화 가운데 하나다. 완전한 가상 사본인 브랜치와는 달리, 리모트는 데이터를 교환할 수 있는 실제 물리적인 사본에 해당한다. 리모트를 통해 변경 사항을 보내거나 받는 대부분의 작업은 푸시push와 풀pull이라는 동사로 표현되는 두 가지 기능으로 말끔하게 포장돼 있다.

GitHub

Git의 분산형 설계는 두 컴퓨터 사이에 변경 사항을 보내거나 받을 수 있도록 해준다. 원한다면 한 컴퓨터의 브랜치로부터 커밋을 다른 컴퓨터의 브랜치로 직접 푸시할 수 있으며, 반대도 가능하다. 이렇게 직접 파일을 교환하는 일은 멋져 보이는 반면, 대부분 이득보다는 복잡함을 안겨준다.

그렇게 하는 대신, 많은 팀들은 이른바 허브 모델hub model을 통해 Git 사이의 코드를 공유한다. 허브 모델은 진보된 중앙 집중 방식으로, 팀이 원격 서버(허브)의 프로젝트 사본을 관리하고 공유하며 팀원이면 누구나 접근할 수 있게 한다. 프로젝트에 합류한 각 팀원은 프로젝트 저장소를 자신의 컴퓨터로 복사(또는 **복제**)하고, 로컬에서 변경하고 커밋을 한 뒤, `git push`와 `git pull` 명령을 사용해 서버의

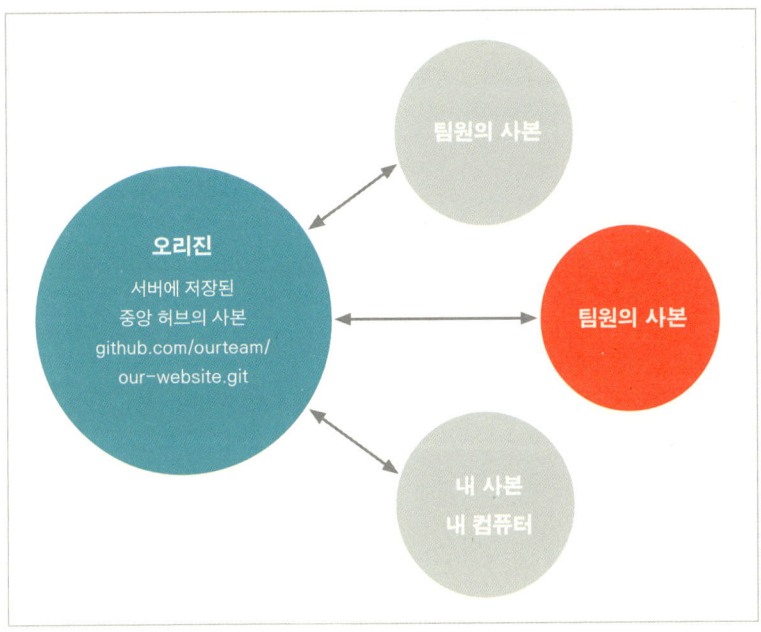

그림 4.1 허브 모델에서 팀원은 자신의 로컬 카피를 서로의 사본이 아닌 중앙의 공유 사본과 동기화한다.

저장소와 자신의 저장소를 동기화한다.

리모트 저장소라고 해서 특별한 것은 없다. 단지 푸시나 풀을 통해 접근할 수 있는 프로젝트의 인스턴스일 뿐이다. 이론적으로 Git은 어떤 저장소가 정본인지를 따지지 않는다. 그럼에도 실전에서 대부분의 팀은 GitHub로 호스팅하는 하나의 공유 사본을 주된 저장소로 여기며, 이를 Git의 관용어로 **오리진**origin이라고 한다. 마스터 브랜치를 '주된' 브랜치로 할 것인지가 사용자에게 달렸듯, 오리진 리모트 역시 마찬가지다.

허브 모델에선 오리진 리모트를 정본으로 보기 때문에, 변경 사항에 대한 커밋과 푸시가 모두 이뤄지기 전까진 다른 팀원의 관점에선 진정한 체크인이 아니다(그림 4.1).

참여자 자신의 프로젝트 사본이 망가졌거나 유실됐을 때, 또는 자신의 작업을 새로 장만한 컴퓨터로 옮겨야 할 경우 허브는 믿을 만한 백업 시스템 역할을 한다. 단순히 한 컴퓨터에서 다른 컴퓨터로 파일을 복사하는 것보다는, 허브로부터 Git 프로젝트를 다시 복제해 컴퓨터로 내리는 방법이 가장 쉽다.

이는 물론 허브의 사본이 절대 망가지지도 않고 유실되지 않는다고 가정한 것이지만, Git의 분산형 디자인은 여기서도 도움이 된다. 비록 허브가 가장 정본에 가까운 사본이긴 하지만, 다른 **모든** 사본에도 프로젝트의 완전한 히스토리가 포함돼 있다. 약간의 과장이 있긴 하지만 정말로 지워야 할 작업이라면 모든 사람의 컴퓨터에서도 사라질 것이다. 설령 허브가 손상되는 등의 있을 수 없는 일이 일어난다 할지라도, 어떤 로컬 저장소든 다시 새로운 리모트를 만드는 데 사용될 수 있다.

서버에는 누가 살고 있는가?

서버 측 저장소를 '베어bare' 저장소라고 한다. 여기에는 오직 실제 저장소 데이터(버전, 브랜치)만 포함돼 있으며 작업 사본은 (즉, 스테이징 영역도) 포함돼 있지 않다. 가상으로 만든 우리의 our-website.git처럼 베어 저장소를 포함하는 디렉터리는 이름 끝에 .git이 붙는다. 베어 저장소는 사실상 로컬 작업 디렉터리 안의 숨겨진 .git 디렉터리이며, 객체, 브랜치 포인터, 그 외 관련 파일들이 있는 하위 디렉터리를 포함한다.

서버 측 Git 저장소에는 자신만의 브랜치 세트뿐만 아니라 지금까지 푸시됐던 모든 커밋이 들어 있다. 이 리모트 브랜치 세트는 초보자들을 환장하게 만들 수 있다. 로컬 컴퓨터의 브랜치와 서버의 브랜치는 항상 일대일 관계라고 생각하는 게 자연스러우며 **대개** 그렇게 진행하기 때문이다. 그러나 Git은 그런 관계를 요구하지도, 강제하지도 않는다. 안 봐도 뻔하지만 Git은 사용자가 직접 구체적인 명령을 사용해서 로컬과 서버 브랜치 사이의 느슨한 관계를 처리하도록 요구한다.

예를 들어 로컬 브랜치의 변경 사항을 같은 이름의 서버 브랜치로 푸시하고자 할 때, 단순히 `git push`로만 실행하면 충분하지 않다. 비록 로컬과 서버의 브랜치의 이름이 같다고 할지라도 `git push <remotename> <branchname>`과 같이 브랜치 이름을 지정해야 한다.

리모트는 어디에?

로컬 저장소에 대비되는 저장소의 위치를 리모트라고 한다. 다른 말로 하면 리모트는…어딘가에 있다. 그게 도대체 어디일까?

아마 많은 경우 리모트 저장소는 GitHub에 있을 것이다. GitHub는 마치 다른 대안이 있는 척하는 게 우스꽝스러울 정도로 널리 사용되는, 가장 인기 있는 Git 호스팅 서비스다. 설령 지금까지 본인의 프로젝트를 GitHub에서 호스팅한 적은 없다 하더라도, GitHub가 호스팅하는 저장소를 이용해본 경험은 많을 것이다. 확실히 GitHub 서비스는 저렴하고 사용하기 쉽다. 오픈소스 프로젝트이거나 또는 누구든지 방문할 수 있는 프로젝트라면 무료로 사용할 수 있으며, 코드를 공유해 공동 개발을 하고 싶은 경우에도 저렴한 요금제를 이용할 수 있다.

또한 GitHub는 Git 저장소를 자체 호스팅하는 방법이나 그 밖의 다른 호스팅 서비스 등 많은 옵션을 제공한다. 만약 자신만의 서버를 관리할 수 없거나 그렇게 하기 싫은 경우라면 GitHub와 같은 호스팅 서비스는 최고의 선택이다. 오직 프로젝트에만 집중할 수 있도록, 나머지 모든 어려운 일들은 GitHub가 해줄 것이기 때문이다. 반대로, 진행하고 있는 작업이나 조직의 성격에 따라 소스 코드를 조직 내부에 보관하는 것도 가능하다.

비록 서비스 종류에 따라 리모트 저장소를 만들 때 서로 다른 툴이나 인터페이스를 사용할 수는 있을지언정, 일단 세팅이 된 후에는 모든 기능은 동일한 방식으로 작동한다.

리모트 추가

앞서 말했듯 각 Git 명령에 리모트의 URL을 파라미터로 넘길 수 있다. 이는 오직 한 번 변경 사항을 푸시하거나 풀할 때에는 괜찮은 방법이다. 그러나 대부분 프로젝트 기간 동안 같은 리모트에 대해 몇 번이고 반복해 작업할 것이다. 이를 위해 URL 대신 각 리모트에 이름을 붙여 그 이름으로 리모트를 참조하는 방법이 있다.

현재 우리의 프로젝트 로컬 사본은 우리 컴퓨터에 저장돼 있다. 하지만 리모트 저장소(our-website.git)가 우리의 서버(gitforhumans.info)에 존재하며, 그 리모트를 우리 프로젝트의 오리진으로 설정하고 싶다고 가정하자. 그렇게 하기 위해선 `git remote add` 명령을 사용해야 한다. 터미널로 돌아가 다음 명령을 실행하자.

```
(master) $: git remote add origin »
    https://gitforhumans.info/our-website.git
```

`git remote`는 **부속 명령**subcommand이 존재하는, 우리에게는 새로운 유형의 명령임을 주목하자. 지금까지 사용했던 모든 명령은 `git commit`와 같이 하나의 단어로 이뤄진 명령어였다. 그러나 리모트와 관련된 모든 명령은 **네임스페이스**namespace가 적용돼, 항상 `remote`로

시작하는 두 개의 단어를 사용한다. 예를 들어 `remote add`나 `remote rm` 등과 같이 말이다.

부속 명령 없이 `git remote`만 실행하면, 현재 프로젝트에 추가했던 모든 리모트의 목록을 보여준다. 마치 `git branch`가 모든 브랜치의 리스트를 보여주는 것처럼 말이다. `git remote`를 실행하면 지금은 `origin` 하나만 볼 수 있을 것이다.

```
$: git remote
origin
```

만약 원격 서버로부터 로컬 컴퓨터로 프로젝트를 복제해 시작했다면, 오리진 설정은 이미 돼 있을 것이다. 서버로부터 복제한 저장소는 항상 오리진으로 미리 설정돼 있다.

프로젝트의 주된 브랜치가 관례적으로 `master`라는 이름을 갖듯이, 주된 리모트 저장소는 `origin`이라는 이름을 갖는다. 이런 간단하고 효과적인 명명 규칙으로 리모트 저장소의 '허브' 역할이 강조된다. 의미론적으로 리모트는 프로젝트 코드의 오리진(기원)이 되며, 모든 로컬 저장소는 허브의 궤도를 도는 위성과 같이 볼 수 있다.

관례적인 이름은 `origin`이지만, 원하는 어떤 이름도 사용할 수 있다. 그러나 정말로 그럴 만한 이유가 있지 않는 한, 프로젝트의 주된 리모트 저장소로서 `origin`이라는 이름을 그대로 따르는 것이 가장 좋다.

리모트 URL의 이해

Git은 네트워크를 통해 커밋이나 그 외 데이터를 전송하기 위한 서로 다른 세 가지 프로토콜을 지원한다. 그 셋은 Git 프로토콜, SSH, 그리고 HTTP다(그림 4.2). 평상시에 이 세 가지 프로토콜은 모두 동일한 방식으로 작동한다. Git 프로토콜만의 다른 점 하나는 사용자를 인증하는, 즉 사용자를 식별하고 증명하는 방법이다. 또한 읽기와 쓰길 모두 허용할지, 아니면 읽기만을 허용할지를 구분할 수 있다.

SSH (Secure Shell)

Git의 SSH 프로토콜은 많은 사람들이 서버에 로그인할 때 늘 사용하는 그 SSH와 동일하다. 사실 어떤 SSH 서버도 Git 리모트 저장소 호스팅에 이용할 수 있다. SSH는 읽기와 쓰기를 모두 지원하며, SSH가 지원하는 어떤 인증 방법도 사용할 수 있다.

Git은 그 자체로는 기본 프로토콜을 지정하고 있지 않고 있다. 그러나 Git 저장소를 온라인에서 안전하게 공유하는 데 SSH가 워낙 널리 사용되고 있으므로 사실상 기본 프로토콜처럼 여겨진다. Git 또한 SSH URL의 프로토콜 접두어를 요구하지 않는다. 즉, URL에서 프로토콜 부분을 생략하면 Git은 SSH라고 가정한다는 의미다. GitHub도 프라이빗 저장소의 기본 URL 포맷으로 오래전부터 SSH를 사용했다(예: git@github.com:username/reponame.git).

오늘날의 오픈소스 생태계에 있어서 SSH 프로토콜의 유용성이 제한을 받는 한 가지 단점이 있다. SSH는 프라이빗 저장소에만 사용할 수 있다는 점이다. SSH는 인증 없이 자원에 접근할 수 있도록 하는 어떤 방법도 갖고 있지 않다(어쨌든 **시큐어**secure 셸이니까 말이다). 따라서 저장소 전체나 일부에 누구나 접근할 수 있도록 공개하고 싶다면 다른 프로토콜을 선택해야 한다. 다행히 Git은 다른 프로토콜도 지원한다. 따라서 HTTP를 사용해 최신 자바스크립트 프레임워크의 `master` 브랜치를 공개적으로 다운로드할 수 있게 하고, 동시에 팀원에게는 SSH를 통해 커밋을 푸시할 수 있도록 구성하는 일이 가능하다.

Git 프로토콜	git://gitforhumans.info/hello.git
HTTPS	https://gitforhumans.info/hello.git
SSH	git@gitforhumans.info:hello.git

그림 4.2 Git이 지원하는 프로토콜을 사용하는 각각의 URL은 모두 gitforhumans.info 서버의 hello.git이라는 동일한 저장소를 가리킨다. 대부분의 Git 호스팅 서비스는 적어도 HTTPS와 SSH를 제공한다.

다른 SSH 서버와 마찬가지로 Git SSH도 아이디와 패스워드를 통한 로그인을 지원하지만, 그보다는 공개키 인증 방식이 좀 더 일반적으로 사용된다. 이 경우 사용자는 먼저 고유의 키 쌍을 생성시켜 공개 키를 GitHub와 같은 Git 서버의 자신의 계정에 업로드하고, 개인 키는 로컬 컴퓨터에 안전하게 보관한다. 리모트에 접근할 때에는 Git이 안전하게 개인 키를 서버로 전송하며, 이는 일종의 신분증과 같은 역할을 한다(http://bkaprt.com/gfh/04-01/에서 SSH 사용에 관해 잘 정리된 GitHub의 도움말 문서를 볼 수 있다).

초보자에게는 키 쌍과 관련된 작업이 주눅 들고 낯선 일일 수 있지만, 그 복잡함의 대가로 안전성과 편의성이라는 이득을 얻을 수 있다. 각 사용자는 자신의 컴퓨터에서 고유의 키 쌍을 생성하므로 서버 관리자는 정확히 누가 어떤 프로젝트에 접근하는지 관리하기 용이하며, 특히 사용자 계정과 키 관리를 위한 훌륭한 툴을 제공하는 GitHub나 빗버킷Bitbucket과 같은 호스팅 서비스를 사용할 때에는 더욱 그렇다.

HTTPS

HTTPS는 웹을 통해 콘텐츠를 배포할 때 사용되는 HTTP와 동일한 프로토콜이다. 오늘날 GitHub를 포함한 대부분의 Git 호스트

리모트 **105**

는 HTTPS URL을 기본으로 사용한다. 사용하기 쉬운 이유도 있고 (SSH 키 대신에 아이디와 패스워드로 사용자 인증이 가능하다), 다재다능하기 때문이기도 하다. SSH는 **반드시** 프라이빗 저장소에만 사용할 수 있으며 **반드시** 저장소에 읽기와 쓰기가 허용되는 반면, HTTPS는 그보다 더 유연하다. 누구든 저장소의 변경 사항을 인터넷을 통해 다운로드할 수 있으며, 동시에 저장소에 푸시하는 작업은 특정 팀원으로 한정시킬 수 있다.

Git 프로토콜

Git 프로토콜은 Git에만 있는 유일무이한 프로토콜이지만, 주로 읽기 전용이라는 이유로 오늘날에는 잘 사용되진 않는다. 한때는 공개용 저장소를 위한 좋은 선택이었으며, 공개와 비공개 접근을 동시에 서비스하기 위해 주로 SSH와 함께 사용됐다. 그러나 오늘날에는 HTTPS가 더 나은 선택이다.

프로토콜의 선택

오픈소스가 아닌 상업용 소프트웨어 프로젝트, 즉 완전한 프라이빗 프로젝트를 하고 있다면 SSH가 탁월한 선택이며, 또한 가장 많이 지원되는 프로토콜이다. 만약 간결하면서도 일관된 경험을 원한다면, 가능만 하다면 언제나 HTTPS를 사용하길 권장한다. SSH 키 관리가 어려운 일은 아니지만, 여전히 아이디와 패스워드 인증만큼 쉽게 사용하긴 힘들다. 또한 HTTPS는 공개용 프로젝트를 공유하고자 할 때에도 쉽게 사용할 수 있다.

Git이 지원하는 프로토콜에 대한 자세한 사항과 장단점은 스캇 샤콘Scott Chacon의 훌륭한 책인 『프로 Git Pro Git』에 잘 나와 있으며, 이 책은 온라인으로도 볼 수 있다(http://bkaprt.com/gfh/04-02/).

리모트 브랜치로 작업하기

뻔한 얘기로 들리겠지만 브랜치와 리모트의 주된 차이점은 리모트는 다른 컴퓨터에 있다는 점이다. 브랜치에 대한 작업을 할 때에는 로컬 컴퓨터에 저장돼 있는 **로컬 사본**local copy의 서로 다른 버전 관리에 주로 신경 쓴다. 리모트에 대한 작업을 할 때에도 브랜치와 마찬가지로 서로 다른 버전을 관리한다. 사실 리모트에 대한 작업은 거의 항상 브랜치의 맥락에서 이뤄진다. 로컬 저장소의 브랜치에 변경 사항을 커밋한 다음에는, 추가했던 모든 새로운 커밋과 브랜치 사본을 `git push`를 사용해 서버에 제출한다. 다른 누군가의 마지막 변경 사항을 로컬 사본에 반영하고 싶다면 `git pull`을 사용하면 된다.

이들 명령을 어떻게 사용하는지 예제를 통해 알아보자. 먼저 푸시부터 시작하자.

변경 사항 푸시

새 홈페이지 디자인과 관련해 작업하던 중 우리는 자바스크립트 일부에서 버그를 발견했다. 마침 이 문제를 해결하는 데 도움을 줄 팀원이 있으므로, 먼저 우리의 변경 사항을 그녀의 프로젝트 사본에 반영시켜야 한다. 그러기 위해선 new-homepage 브랜치를 서버로 푸시해서 그 사람이 검색하고 받을 수 있도록, 즉 풀할 수 있도록 해야 한다.

여기서 필요한 명령은 `git push <remote> <branch>`다. 다시 말하지만 Git은 명시적인 것을 원한다. 정확히 어떤 리모트(origin)에 푸시하고자 하는 것인지, 그리고 어떤 브랜치(new-homepage)를 푸시하려는 것인지를 명확히 알려줘야 한다. 특정 리모트에 처음 접근하는 경우라면 푸시하거나 풀할 때 Git은 사용자의 신원을 먼저 물어본다.

```
$: git push origin new-homepage
Username for 'https://gitforhumans.info': ddemaree
Password for 'https://ddemaree@gitforhumans.info':
Counting objects: 8, done.
Delta compression using up to 8 threads.
Compressing objects: 100% (6/6), done.
Writing objects: 100% (8/8), 743 bytes | 0 bytes/s,
   done.
Total 8 (delta 1), reused 0 (delta 0)
To https://gitforhumans.info/our-website.git
 * [new branch]      new-homepage  ->  new-homepage
```

푸시를 할 때 Git은 우리를 대신해 여러 일을 하며, 그 각각을 길고 복잡한 응답으로 보여준다.

패스워드를 입력한 그 다음 라인부터 보면, Git은 전송 준비를 위해 커밋을 꾸리고 네트워크를 통해 전송함을 알 수 있다.

```
Counting objects: 8, done.
Delta compression using up to 8 threads.
Compressing objects: 100% (6/6), done.
Writing objects: 100% (8/8), 743 bytes | 0 bytes/s,
   done.
Total 8 (delta 1), reused 0 (delta 0)
```

이 내용을 **우리가** 하나하나 알 필요는 없다. 단지 Git이 성공적으로 데이터를 패키징하고 서버로 전송했다고 이해하면 된다.

오히려 그 다음 라인이 우리와 더 관련 있다.

* [new branch]   new-homepage -> new-homepage

이는 원격 서버가 new-homepage 브랜치를 수신했으며, 그로부터 같은 이름의 new-homepage라고 하는 새로운 브랜치를 만들었다는 의미다. 리모트의 이름이 반드시 로컬 브랜치 이름과 같아야 하는 것은 아니다. 그러나 모두의 정신 건강을 위해 같은 이름을 유지하는 것이 관례다.

변경 사항 풀

그날 늦게 커피를 들고 돌아온 우리는 그 팀원이 자바스크립트 버그를 해결한 변경 사항을 제출했음을 알게 됐다. 이제 그녀가 new-homepage 브랜치에 커밋한 변경 사항을 git pull <remote> <branch> 명령으로 우리의 브랜치에 반영할 차례다.

여기서도 마찬가지로 Git은 리모트와 브랜치 이름을 명시할 것을 강하게 요구한다.

```
$: git pull origin new-homepage
remote: Counting objects: 5, done.
remote: Compressing objects: 100% (3/3), done.
remote: Total 3 (delta 2), reused 0 (delta 0)
Unpacking objects: 100% (3/3), done.
From https://gitforhumans.info/our-website.git
 * branch      new-homepage  -> FETCH_HEAD
Updating fed3ac5..4f82376
```

```
Fast-forward
 carousel.js | 2 +-
 1 file changed, 1 insertion(+), 1 deletion(-)
```

여기서도 remote:로 시작하는 여러 라인을 통해 두 저장소 사이에 데이터가 어떻게 전송됐는지를 설명하고 있으나, 우리의 관심사는 아니다. 따라서 이 부분은 건너뛰고 좀 더 관심 있는 부분을 살펴보자.

```
From https://gitforhumans.info/our-website.git
 * branch        new-homepage        -> FETCH_HEAD
```

여기선 new-homepage의 서버 사본을 같은 이름의 로컬 브랜치로 풀했다는 메시지를 기대했다. 그러나 아스키 화살표는 FETCH_HEAD라는 어떤 것을 가리키고 있다. 이를 이해하려면 보이지 않는 곳에서 푸시와 풀이 어떻게 작동하는지 알아봐야 한다.

푸시나 풀을 할 때에는 항상 두 가지 일이 일어난다. 그 둘은 앞서 git pull의 응답에도 나타나 있다.

Git은 변경 사항이 있는 커밋과 파일을 포함한 많은 양의 객체를 서버에 전송하거나 서버로부터 받는다. 그 부분은 모든 리모트 공정이 알아서 처리하며 문제가 발생할 가능성은 매우 낮다. 그 때문에 그 부분에 대해선 무시하라고 자신 있게 말한 것이다. 일반적으로 두 컴퓨터 간의 데이터 전송에 있어서 가장 위험한 부분은 한 컴퓨터의 데이터가 다른 컴퓨터의 데이터를 우연히 덮어쓸 가능성에 있다. 그러나 Git 아키텍처의 놀라운 측면 중 하나는 커밋이 서로 충돌하는 것이 사실상 불가능하므로 객체를 전송하거나 받는 작업이 극도로 안전하다는 점이다. 데이터 양이 많아질 수 있다는 게 그나

마 부작용이라 할 수 있는데, 최소한 아무것도 잃어버리진 않으므로 결국 리스크가 거의 없다고 봐야 한다.

모든 새로운 커밋이 컴퓨터에 안전하게 내려왔다. 그 다음엔 병합 부분을 살펴보자.

```
Updating fed3ac5..4f82376
Fast-forward
  carousel.js | 2 +-
  1 file changed, 1 insertion(+), 1 deletion(-)
```

브랜치를 나눈 뒤 로컬에선 어떤 커밋도 하지 않았으므로 Git은 간단히 패스트 포워드 방식으로 병합을 해준다.

Git은 `new-homepage`의 사본에 커밋한 작업의 안정성을 보장하기 위해 정성껏 세 단계의 복사와 병합의 예술을 펼친다. 컴퓨터 간에 많은 양의 **커밋**을 복사하는 경우는 안전하지만, **브랜치**를 병합하는 경우는 때때로 Git이 스스로 풀지 못하는 충돌이 발생할 수 있다. 게다가 `git pull`을 사용해 서버 측 브랜치를 로컬 브랜치로 병합하라고 할 때에도 Git은 모든 병합 작업을 로컬에서 진행한다. 이 말은 병합 작업을 하기 전 먼저 서버의 `new-homepage` 브랜치를 로컬 컴퓨터의 어딘가에 복사해 놓는다는 의미다. 그 어딘가가 바로 `FETCH_HEAD`다. `FETCH_HEAD`는 새롭게 가져온 변경 사항의 병합 작업을 위한 버퍼로서 Git이 만든 임시 브랜치다.

병합은 풀링 작업에 포함돼 있다는 사실을 기억하기 바란다(푸싱의 경우도 마찬가지다). 또는 뒤집어 말하면 푸싱과 풀링은 모두 리모트 버전의 병합을 의미한다고 기억해도 좋다. 두 명령은 모두 같은 일을 하는데, 먼저 브랜치를 다른 컴퓨터로 복사하고 그 다음 그 컴퓨터의 다른 브랜치와 병합한다.

서버로부터 변경 사항을 풀했으므로 이제 `new-homepage`는 최신 상태이며, 우리는 다시 진행하던 일을 다시 할 수 있게 됐다.

리모트의 병합 충돌

앞서 봤듯이 리모트 변경 사항을 풀면 마지막은 언제나 병합으로 끝난다. 때로는 병합 충돌이 일어날 수도 있다. 사실은 다른 종류의 병합보다 푸시와 풀에 있어선 더욱 충돌이 발생하기 쉽다. 왜냐하면 더 긴 시간에 걸쳐 더 많은 사람의 변경 사항이 관련돼 있기 때문이다. 또한 충돌 위험은 가장 자주 변경되는 브랜치의 경우보다 클 수가 없다. `origin`은 `remote`의 공유 사본이기 때문이다.

궁극적으로 `master`에 병합할 계획을 가진 브랜치라면, 평상시에 각 작업 브랜치를 가급적 `master`의 최신 내용으로 유지시키는 것이 좋다는 얘길 3장에서 했었다. 간단히 말하면 작업하는 동안 정기적으로 서버의 `master` 브랜치를 풀함으로써 병합 충돌의 위험을 낮추고 충돌 가능성을 최소로 유지할 수 있다. 짐작하듯이 이를 위한 명령은 `git pull origin master`이며, 사용자가 현재 어느 브랜치에 있든 상관 없이 동일하게 실행된다. 다음은 `origin/master`의 변경 사항을 `new-homepage`로 풀하는 모습이다.

```
(new-homepage) $: git pull origin master
From https://gitforhumans.info/our-homepage.git
  * branch            master         -> FETCH_HEAD
Auto-merging about.html
CONFLICT (content): Merge conflict in about.html
Automatic merge failed; fix conflicts and then
  commit the result.
```

악! 또 나타났다. 회사 소개 페이지에 한 라인의 차이가 Git의 발목을 붙잡았다. 메건의 직급을 변경했을 때처럼, 우리의 브랜치는 타이틀의 일부 텍스트가 변경('사이트 소개'에서 '팀 소개'로)된 커밋이 있는 반면, `master` 브랜치는 그 텍스트를 둘러싼 마크업이 변경된 커밋이 있다. about.html을 열면 다음과 같이 충돌 표시로 둘러싸인 내용을 볼 수 있다.

```
<<<<<<< HEAD
<h1 class="big-heading">About our site</h1>
=======
<h1>Our Team</h1>
>>>>>>> 4f2d3c939deaf8f2824d2be04cb59b3f8342aedb
```

좋은 소식은 로컬에서 `git merge`를 했을 때나 `git pull`을 했을 때나 병합 충돌의 해결 방법은 동일하다는 사실이다. 지난번에 했듯이 우리가 원하는 최종 내용으로 텍스트를 대체하면 된다.

```
<h1 class="big-heading">Our Team</h1>
```

그 다음엔 변경 사항을 스테이징하고 커밋함으로써 충돌을 해결한다.

```
(new-homepage *) $: git add -A

(new-homepage *) $: git commit -m "Merge origin/ »
    master into new-homepage, with resolved conflicts"
```

커밋이 완료되면 이 브랜치는 서버의 `master`와 동일한 최신 상태가 된다. 이제 병합 커밋을 포함해 변경 사항을 서버의 사본에 푸시할 수 있다.

여기서 커밋 메시지에서 사용한 표기법을 잠시 주목하자. 리모트 브랜치의 이름은 `origin/master`(`origin`이라는 리모트 저장소의 `master` 브랜치 사본)나 `testserver/bugfix`(`testserver` 리모트의 `bugfix` 브랜치)와 같이 `remotename/branchname`의 형식으로 표기할 수 있다. 리모트 브랜치는 거의 언제나 로컬 컴퓨터의 브랜치에 대응하지만, 기술적으로 그 둘은 별도의 브랜치다. 따라서 슬래시(/)를 사용해 표기하면 '오리진 리모트에 있는 마스터 브랜치 사본'이라고 굳이 말하지 않아도 두 브랜치를 구분할 수 있는 좋은 방법이다.

푸시 거부

우리가 새 홈페이지 디자인과 관련된 작업을 계속하는 사이, 자바스크립트 버그를 해결했던 팀원이 또 다른 버그를 발견하고 다시 조치했다. 그녀는 버그를 해결한 변경 사항을 커밋하고 리모트 브랜치에 푸시했으나, 우리에게 변경 사항을 추가했다는 사실을 알리지 못하고 회의에 끌려갔다.

그 와중에 우리는 변경 사항을 푸시하려다 다음과 같은 상황에 직면했다.

```
(new-homepage) $: git push origin new-homepage
To https://gitforhumans.info/our-homepage.git
 ! [rejected]        new-homepage -> new-homepage
 (non-fast-forward)
error: failed to push some refs to ' https://
  gitforhumans.info/our-homepage.git'
```

```
hint: Updates were rejected because the tip of your
  current branch is behind
hint: its remote counterpart. Integrate the remote
  changes (e.g.
'git pull ...') before pushing again.
hint: See the 'Note about fast-forwards' in 'git
  push --help' for details.
```

쩝. 무엇 때문에 이 변경 사항 푸시를 Git이 **거부**했을까?

일반적으로 서버 측 Git 저장소에는 작업 사본과 스테이징 영역이 없으며, 또한 병합 충돌을 해결해줄 사람도 없다. 작업 사본이 없다는 얘기는 단순한 패스트 포워드 병합을 넘어선 상황에선 브랜치 병합을 할 수 없다는 의미다. `git push` 실행 후의 메시지는 우리에게 많은 것을 알려준다.

```
! [rejected]        new-homepage -> new-homepage
 (non-fast-forward)
```

다행히 이 상황은 서버로부터 변경 사항을 풀하고 다시 서버로 푸시함으로써 쉽게 해결할 수 있다. 패스트 포워드는 브랜치의 HEAD 포인터를 현재의 커밋에서 그 자식 커밋으로 이동시킴으로써 작동한다. 변경 사항을 풀하면 그 결과는 병합 커밋이다. 이로써 리모트 브랜치의 현재 헤드 커밋의 직계 자손이 생김으로써 패스트 포워드의 요건이 갖춰진다.

요컨대 이런 종류의 거부나 Git의 어떤 장난에도 놀아나고 싶지 않다면, 항상 푸시하기 전 먼저 풀을 해서 로컬 사본을 최신으로 만들기 바란다. 변경 사항을 풀하는 것이 문제가 되는 경우는 거의 없으며, 오히려 많은 이득을 얻는다.

브랜치 추적

기본적으론 브랜치의 로컬 사본과 리모트 사본 사이에 연결돼 있는 어떤 것도 없다. 비록 이름도 같고 논리적으로 같은 작업을 나타낸다 해도 Git은 로컬 `new-homepage`와 서버 `new-homepage`가 어떤 식으로든 관계가 있다고 알지도 못하며, 그게 우리가 `git pull`이나 `git push`를 할 때마다 리모트 브랜치를 알려줘야 하는 이유다. 그렇게 명시적으로 Git 명령을 사용하는 일은 짜증날 수 있지만, 반면 매우 강력한 방법이기도 하다. 잠재적으로 어떤 리모트의 어떤 브랜치로부터든 변경 사항을 `new-homepage`로 풀할 수 있다. 예를 들어 `git pull maniks-computer new-homepage-with-sass` 명령에서 `maniks-computer`는 팀 동료인 매닉^{Manik}의 노트북 컴퓨터이며 `new-homepage-with-sass`는 CSS 스타일을 Sass(스타일시트를 위한 스크립트 언어 중 하나)로 작성하기 위한 브랜치다. 그리고 이 명령은 아주 잘 실행될 것이다.

그렇긴 해도 로컬 브랜치가 그에 대응하는 리모트 브랜치를 **추적**한다는 점, 즉 로컬과 리모트의 브랜치가 관련이 있다는 사실을 Git에게 알려주는 방법이 쓸모가 있다. 예를 들어 브랜치에 추적 관계가 설정돼 있다면 파라미터 없이 단지 `git push`나 `git pull`만 실행해도 변경 사항을 푸시하거나 풀할 수 있다. Git은 의도를 이해하고 제대로 처리해줄 것이다.

추적 관계를 설정하는 가장 간단한 방법은 `git push`를 할 때 `--set-upstream`(또는 `-u`) 옵션을 추가하는 것이다.

```
(new-homepage) $: git push -u origin new-homepage
```

```
Branch new-homepage set up to track remote branch
new-homepage from origin.
Everything up-to-date
```

이 일은 로컬 브랜치에 대해 처음 한 번만 해주면 된다. 만약 잊어 버렸다 해도 언제든지 할 수 있다. 심지어 푸시할 아무런 변경 사항이 없어도 된다(그 경우 모든 것이 최신이라는 위와 같은 메시지가 나온다).

페치 실행

알아둬야 할 또 하나의 리모트 관련 명령으로 페치fetch가 있다. 명령어는 `git fetch`인데, 얼핏 보기엔 `git pull`과 영락없이 같게 느껴진다. 그러나 `git pull`은 하나의 브랜치에서 변경 사항을 가져오는 반면, `git fetch`는 한 번에 리모트 저장소를 몽땅 가져온다.

`git fetch origin`을 실행하면 매우 친숙한 응답 메시지를 보게 될 것이다.

```
$: git fetch origin
remote: Counting objects: 5, done.
remote: Compressing objects: 100% (3/3), done.
remote: Total 3 (delta 2), reused 0 (delta 0)
Unpacking objects: 100% (3/3), done.
From https://gitforhumans.info/our-homepage.git
   9eb7cf6..fed3ac5  master -> origin/master
```

처음에는 전에도 봤었던 객체 복사와 관련된 이러쿵저러쿵하는 메시지를 볼 수 있다. 그러나 맨 아래에선 이전에 봤던 병합이나 패스트 포워드의 경우와는 다른, 단지 서버로부터 데이터 한 무더기를 받아오는 게 아닌 다른 무언가를 볼 수 있다. 구체적으로 말하면 Git은 서버의 `master` 브랜치 사본을 `origin/master`라고 하는 로컬의 특별한 읽기 전용 브랜치로 저장한다.

`git fetch`의 역할 중 하나는 오프라인 작업을 가능하게 해주는 것이다. 기본적으로 `git fetch`는 리모트 저장소의 모든 브랜치 스냅샷을 내려받음으로써, 온라인이 아니더라도 브랜치를 비교하고 병합하는 등의 어떤 작업도 가능하게 한다. 스마트폰이나 항공기 내 와이파이Wi-Fi가 일반화되기 전인 Git이 개발된 2005년은 카페나 비행기 안에서 작업을 하기 위해선 미리 노트북에 모든 데이터를 다 운로드해야 했던 시절이었다. 그러나 서버의 모든 브랜치와 로컬의 모든 브랜치를 병합하는 별도의 작업을 원하는 사람은 없을 것이다. 무엇보다도 아직 병합할 준비가 안 된 브랜치에 변경 사항을 갖고 있다던가, 일부 브랜치는 충돌이 있을 수도 있기 때문이다.

Git의 해법은 로컬 저장소의 읽기 전용인 명명된 브랜치 체계를 사용해 리모트 저장소의 각 브랜치 상태를 추적하는 것이다. 앞서 리모트 브랜치를 식별하기 위한, **단지** 표기법으로서 `origin/*`와 같은 형식을 설명했었다. 그런데 `origin/master`는 **또한** 로컬 저장소에 저장되는 실제 브랜치 이름이기도 하다. 페치를 하고 나면 리모트의 모든 개별 브랜치 사본을 갖게 된다. 또한 다른 사람이 만든 브랜치 등 로컬에 대응하는 브랜치가 없는 리모트 브랜치도 모두 포함된다.

Git은 안정성과 신속함을 위해 오직 네트워크를 사용해 커밋을 전송받는 작업만 하며, 로컬 컴퓨터에서 반드시 필요한 **실질적인** 일만 수행한다. 따라서 Git이 로컬 컴퓨터의 데이터와 서버의 데이터를 비교하지 않고, 서버의 데이터 사본으로 사용자가 비교나 병합할 수 있는 **대상**을 만들어준다. `origin/master` 브랜치는 오리진 리모트의 마스터 브랜치를 나타내며, 서버로부터 마지막으로 풀한 브랜치의 헤드 커밋을 가리킨다.

리모트 브랜치의 특별한 오프라인 사본을 갖게 됨으로써 사태가 복잡해질 수 있다. 예를 들어 로컬 컴퓨터에는 `master`라는 이름의 서로 다른 **세 개의** 브랜치가 존재하게 된다. 하나는 로컬 `master`이고, 또 하나는 리모트 `master`이며, 나머지 하나는 확신할 순 없지만 아마도 리모트 `master`와 동기화돼 있을 거라고 추측되는 로컬 `origin/master`다. 다행히 `origin/master`와 같은 브랜치는 읽기 전용이며 오직 서버 데이터의 사본일 뿐이다. 일단 `git fetch`로 서버 저장소를 받았다면 보통은 각각의 오프라인 브랜치가 정확히 서버에 있는 쌍둥이 형을 나타낸다고 보면 된다.

기존 브랜치 체크아웃

지금까지 경험으로 보면 대개 브랜치는 한 사람이 소유한 경우가 대부분이었다. 그 사람은 그 브랜치를 만든 사람이며, 또한 작업이 완료됐을 때 그 브랜치를 `master`에 병합시킬 책임도 갖는다. 그러나 여러 사람이 참여하고 오랜 기간을 갖는 대부분 프로젝트에서 항상 본인이 특정 브랜치를 만들어 작업하리란 보장은 없다. 또한 총력을 기울이기 위해 하나의 브랜치에 많은 사람이 한 번에 참여할 수도 있다. 그렇다면 다른 사람의 브랜치에 어떻게 커밋을 추가하면 될까?

먼저 체크아웃을 해야 한다. 그러기 위해선 `git fetch`를 사용해 현재 서버에 있는 모든 브랜치를 내려받는다.

```
[master] $: git fetch origin
remote: Counting objects: 5, done.
remote: Compressing objects: 100% (3/3), done.
```

```
remote: Total 3 (delta 2), reused 0 (delta 0)
Unpacking objects: 100% (3/3), done.
From https://gitforhumans.info/our-website.git
   9eb7cf6..fed3ac5    master         -> origin/master
   9eb7cf6..fed3ac5    new-homepage   -> origin/
      new-homepage
```

origin의 최신 데이터를 페치함으로써 모든 서버 브랜치를 로컬 컴퓨터에서 사용할 수 있게 됐다. 나중에 변경 사항을 푸시하려면 온라인 연결이 필요하겠지만, 그때까지 어떤 작업도 거의 가능하다.

예를 들어 마지막으로 `git fetch`를 실행한 시점에서의 서버에 존재하는 모든 브랜치의 목록을 확인할 수 있다. 기본적인 `git branch` 명령은 로컬 사본에 존재하는 브랜치 목록을 보여주지만, `--remote(-r)` 옵션을 추가하면 Git이 알고 있는 모든 리모트 브랜치를 보여준다.

```
$: git branch --remote
origin/make-logo-bigger
origin/master
origin/new-homepage
```

이들 중 어떤 브랜치에 대해서도 체크아웃과 관련 작업, 로컬 브랜치와의 병합이 가능하다. 즉, `git fetch` 후에 `git merge origin/master`를 하면 이는 곧 `git pull origin master`를 실행한 것과 같다.

다음엔 우리가 작업할 대상인 `make-logo-bigger` 브랜치를 체크아웃할 차례다. 체크아웃할 때 `origin/` 접두어를 붙일 필요는 없다. 해당 리모트 브랜치를 처음 체크아웃하는 경우라면 Git은 먼저 같은 이름의 로컬 브랜치가 있는지 확인하고, 그렇지 않다면 자동으로 같은 이름의 새 브랜치를 만든다.

```
[master] $: git checkout make-logo-bigger
Branch make-logo-bigger set up to track remote
  branch make-logo-bigger from origin.
Switched to a new branch 'make-logo-bigger'

[make-logo-bigger] $:
```

지금까지 버전 관리의 개념을 포함해 실전에서 Git을 사용하는 방법을 얘기했다. 우리는 이제 커밋을 할 수 있고, 브랜치를 만들고 병합할 수 있으며, 다른 컴퓨터나 다른 사람과 동기화할 수 있게 됐다. 그 과정에서 우리 프로젝트의 히스토리도 쌓여 왔다.

다음엔 그 모든 커밋을 가지고 무엇을 할 수 있는지 파헤쳐보도록 하자. 전진, 앞으로!

5

히스토리

Git은 여러 컴퓨터 사이의 변경 사항을 동기화하기 위한 뛰어난 툴이다. 따라서 우리가 **지금 당장** 하고 있는 작업을 서로 공유하고 유지하기 위해 거의 늘 사용한다. 그러나 대부분 하나 또는 몇 개의 현재 버전을 신경 쓰는 반면, Git은 프로젝트 안의 모든 버전을 저장하고 추적하는 엄청난 일을 한다. 그리고 그런 수천 개의 커밋들이 사용자의 탐색을 위해 계속 보존돼 있다.

    저장소에 추가한 커밋은 프로젝트의 히스토리에 모두 기록되므로, 되도록이면 의미 있는 변경 사항을 커밋하는 게 좋다. 5장에선 프로젝트 히스토리를 들여다보기 위해 Git이 제공하는 툴과 히스토리를 유용하게 쓸 수 있는 방법을 알아본다.

로그 보기

프로젝트 히스토리를 확인하는 가장 간단한 방법은 정렬된 커밋 목록을 보는 것이다. 커밋 목록을 볼 수 있는 Git의 대표적인 툴이 `git log` 명령이다. GitHub와 같은 호스팅 서비스는 `git log`와 동일한 기능을 하는, 그러나 좀 더 사용자 친화적인 풍모를 갖춘 웹 기반의 툴을 제공한다. Git의 다른 명령도 마찬가지지만, `git log`를 알아 두면 어떤 컴퓨터나 어떤 호스팅 서비스에서든 동일하게 사용할 수 있다. 또한 GitHub의 커밋 검색과는 달리 `git log`는 오프라인에서도 동작한다.

기본적으로 `git log`를 실행하면 현재의 헤드 커밋부터 최초의 커밋까지 시간의 역순으로 모든 커밋 목록을 보여준다.

```
$: git log
commit 45b1ec87cd2fde95a110dfe3028e93d25c9af186
Author: David Demaree <david@demaree.me>
Date:    Fri Dec 26 16:28:41 2014 -0500

   Rename styles.css to main.css

commit bf8144d4690d3f6052dc7f42135e3e9944b96b5a
Author: David Demaree <david@demaree.me>
Date:    Thu Dec 25 13:24:25 2014 -0600

   Initial commit
```

`commit`으로 시작하는 몇 개의 라인은, 음… 커밋을 나타낸다. 알

파벳과 숫자로 이뤄진 긴 문자열은 각 커밋 ID다. 그 아래에는 커밋을 만든 사람을 보여주는 Author가 있고 커밋을 추가한 시간을 보여주는 Date가 있다. 마지막엔 의도적으로 메타데이터 아래에 배치한 커밋의 로그 메시지를 볼 수 있다.

이것이 우리가 변경 사항을 만들고 프로젝트에 커밋했던 히스토리다. 이같은 로그를 보면 커밋 메시지가 왜 필요한지, 왜 짧으면 좋은지 알 수 있다. 이상적으로는 `git log`의 출력 내용과 로그 메시지를 훑어보는 것만으로 해당 프로젝트가 어떻게 진화해왔는지에 대한 감이 잡혀야 한다.

앞의 예제는 `git log`의 기본 출력값을 보여줬다. 그러나 Git은 사용자가 원한다면 사실상 어떤 형식으로든 다르게 출력해줄 수 있다. `--pretty` 옵션을 사용하면 미리 정의된 다양한 형식 중 하나를 선택하거나, 또는 사용자가 원하는 형식을 지정할 수 있게 한다. 예를 들어 `oneline`은 이미 내장된 형식 가운데 하나인데, 커밋 ID와 로그 메시지를 한 라인에 보여주는 형식이다.

```
$: git log --pretty=oneline
45b1ec87cd2fde95a110dfe3028e93d25c9af186 Rename  »
   styles.css to main.css
bf8144d4690d3f6052dc7f42135e3e9944b96b5a Initial  »
   commit
```

사용할 수 있는 로그 형식의 전체 목록과 사용자만의 형식을 정의할 수 있는 방법에 대해선 Git의 온라인 문서(http://bkaprt.com/gfh/05-01/)를 참고하기 바란다. 또한 소프트웨어 기업인 애틀라시안Atlassian은 로그 형식의 전체 목록과 특정 형식을 사용하면 좋은 이유를 간단히 설명하는, 빈틈없으면서도 친절하게 쓴 튜토리얼

(http://bkaprt.com/gfh/05-02/)을 공개했다.

히스토리 시작점 지정

초반에 배웠듯 Git의 히스토리는 혈통에 기반한 개념이다. 하나의 커밋은 하나 이상의 부모 커밋을 참조하고, 그 부모 커밋은 각자의 부모 커밋을 가리키며, 그 커밋은 다시 각자의 부모 커밋을 **가리키는** 식으로 최초 커밋까지 도달할 수 있다. `git log`는 시간 역순으로 프로젝트의 히스토리를 보여주는데, 이때 시간 역순인 이유가 있다. 현재의 커밋이 어디서 왔는지를 보여주기 위해 부모 커밋을 연쇄적으로 따라 올라가는 것이 `git log`가 **실제로** 하는 일이기 때문이다.

기본적으로 `git log`가 보여주는 목록은 현재 브랜치의 헤드 커밋에서 시작한다. 만약 `master`를 체크아웃한 상태라면 `master`의 헤드 커밋부터의 모든 조상들을 보게 된다. 그러나 어떤 브랜치의 어떤 커밋이든 시작점으로 지정할 수 있다. 예를 들어 다음은 `new-homepage` 브랜치의 히스토리를 보여달라는 명령이다.

```
$: git log new-homepage
```

커밋 범위 지정

커밋의 범위를 지정해 로그를 보는 방법도 있다. 즉, 두 개의 커밋을 지정해 그 사이에 있는 히스토리만 볼 수 있다는 의미다.

이는 토픽 브랜치를 새로 만든 이후의 히스토리만 볼 수 있으므로 매우 유용하다. 예를 들어 `master`와의 병합 전까지 `new-homepage`에 추가됐던 모든 커밋을 훑어보기 쉽게 확인하고 싶다면 `git log` 명령을 다음과 같이 사용하면 된다.

```
$: git log --oneline master..new-homepage
bce44eb Bigger navigation buttons
056c8fd Update hero area w/ new background image
7e53652 Make font loading async
```

커밋 범위는 `start..end` 또는 `olderbranch..newerbranch`와 같이 지정하며, 좀 더 현학적으로 표현하면 `branch..branchwithdifferentcommits`로 지정한다고 보면 된다. 알다시피 `git log`는 커밋의 연대기에 대해 관심이 없으며, `master`가 아직 `new-homepage`와 같은 토픽 브랜치에 병합되지 않은 자신만의 변경 사항을 갖는 일이 중단될 이유도 없다. `git log branch-a..branch-b`는 `branch-a`에는 없는 `branch-b`의 모든 커밋 목록을 보여주는 명령이라고 이해하면 가장 쉽다. 앞의 예제에선 아직 `master`로 병합하지 않은 `new-homepage`의 커밋 세 개를 볼 수 있었다.

`git log`의 정말 멋진 점은 브랜치의 순서를 뒤바꿔서 보여줄 수도 있다는 점이다. 다음은 `new-homepage`에는 없는 `master`의 커밋 목록을 보고 싶을 때의 명령이다.

```
$: git log --oneline new-homepage..master
5514d53 Fix JavaScript bug on products page
4af326c Support for Microsoft Edge
```

이 명령은 리모트 브랜치에 대해서도 동일하게 작동한다. 따라서 브랜치의 로컬 사본이 서버 사본을 따라가는 자취도 확인할 수 있다. 다음은 로컬 브랜치로 아직 풀하지 않은 서버의 커밋 목록을 볼 수 있는 명령이며, 추가로 누가 커밋했는지 알 수 있도록 커스텀 형식을 적용한 예다.

```
$: git log --pretty='format:%h - %an: %s' »
  new-homepage..origin/new-homepage
635ce39 - Susan Oliver: Important legalese change
65ae00e - Stewart Colbert: Make many (JS) promises
```

만약 커밋 범위의 어느 한쪽이 현재의 HEAD 커밋, 즉 작업 사본에 체크아웃돼 있는 커밋이라면 그 부분은 생략해도 된다. 예를 들어 new-homepage는 이미 체크아웃했고, master의 새로운 커밋 목록을 보고 싶다면 다음과 같이 명령해도 된다.

```
[new-homepage] $: git log --oneline ..master
5514d53 Fix JavaScript bug on products page
4af326c Support for Microsoft Edge
```

이는 앞서 봤던 git log --oneline new-homepage..master 명령과 완전히 동일하다. new-homepage가 체크아웃돼 있으므로 Git은 생략된 부분이 new-homepage라고 간주하며, 따라서 타이핑 수를 줄일 수 있다.

로그 필터링

지금까지의 방법도 부족하다면, 마지막으로 git log에 필터링 옵션을 줘서 커밋 목록을 제한할 수 있다. 즉, 원하는 개수의 최근 커밋만, 특정 날짜 범위 안의 커밋만, 또는 특정 팀원이 추가한 커밋만 본다든가 할 수 있다. 다음 명령을 실행하면 내가 추가한 커밋 중에 'heroku'라는 단어가 포함됐으며 Gemfile이라는 파일을 변경시킨 커밋만 볼 수 있다.

```
$: git log --author=Demaree --grep=heroku »
   --oneline Gemfile
94d8ecb Gemfile tweaks to remove heroku
ccc5266 Merged heroku prep into master
```

지금까지 설명한 내용은 `git log`의 능력에 비하면 수박 겉핥기에 불과하다. 이 강력한 툴에 대한 더욱 자세한 내용은 애틀라시안에서 훌륭하게 정리한 튜토리얼(http://bkaprt.com/gfh/05-03/)을 참고하기 바란다.

커밋 ID

커밋 ID는 `git log`를 사용해 탐색하는 데 있어서 매우 중요하다. 커밋 ID가 갖는 몇 가지 목적이 있지만, '그 변경 사항이 65ae00e에 있는 모든 이미지 태그를 엉망으로 만들었다'라고 말할 때와 같이 커밋을 식별하는 데 사용된단 점이 가장 중요하다. 지금까지 우리는 짧게 표현된 커밋 ID만을 봐왔다. 대부분의 경우 짧은 형태의 ID만으로도 충분하다. 그러나 가끔 생략되지 않은 긴 형태의 ID를 봐야 하는 때도 있다.

```
65ae00edfe8a795199ed416a9d6df8c3cfe8bd0a
```

뭐가 다를까? 왜 Git은 이렇게 알파벳과 숫자로 이뤄진 이상하게 생긴 문자열을 사용할까?

4장에서 말했듯 우리는 중앙 집중 방식으로 Git을 사용하지만, Git 자체는 분산형으로 설계됐다. 모든 개별 컴퓨터는 독립적으로 진화하는 자신만의 저장소를 가진다. 우리는 오프라인 상태에서 각자 변경 사항을 만들고 커밋을 하며, 나중에 리모트와 로컬 사본을 동기화하기 전까진 서로 무엇을 하는지 알 필요가 없다. Git은 각 커밋에 식별할 수 있는 이름이나 숫자를 할당해야 한다. 그러나 다른 컴퓨터에서 그 이름이나 숫자를 이미 사용하고 있는지 알 방법은 없다.

게다가 Git은 안정성과 데이터 정합성에 가치를 두도록 설계됐다. 리누스 토발즈는 2007년도 발표에서 버전 관리 시스템이 데이터의 정확성을 추구해야 하는 이유와 정확한 데이터를 보장하기 위한 Git의 특징에 관해 얘기했다(http://bkaprt.com/gfh/05-04/).

> 만약 디스크가 손상되는 등 어떤 문제가 발생하더라도 Git은 알아챌 것이다…장담컨대 Git에 데이터를 넣었다면, Git이 하드 디스크라든가 DVD나 또는 무엇이 됐든 어떤 신기술 장치로 변환되고 복사된 후 5년 뒤 정확히 동일한 작업 데이터를 다시 꺼낼 수 있다는 사실을 믿게 될 것이다.

Git은 임의로 이름이나 숫자를 부여하는 게 아니라, 각 커밋 내용에 기반한 ID를 만들어 사용함으로써 문제를 해결한다. 기술적으로 커밋 ID는 식별자라기보다는 **체크섬**checksum이다. 체크섬이란 네트워크를 통해 전송된 데이터의 검증에 주로 사용하는 일종의 디지털 지문이다. 아마 소프트웨어 빌드 버전에 체크섬 목록이 같이 들어 있는 것을 종종 본 적 있을 것이다. 예를 들어 MS 윈도우의 개발자 테스트용 빌드 버전을 다운로드할 때 받은 파일이 완전한 파일이며 조작되지 않았음을 검증하기 위해 체크섬이 사용된다.

사용자가 커밋을 하면 Git은 사용자 이름과 이메일 주소, 현재 날짜와 시각, 커밋 메시지, 부모 커밋에 대한 참조, 프로젝트의 현재 스냅샷 등 커밋의 몸체를 구성하는 모든 사항을 취하고, 이를 갖고 해시 함수를 통해 40자리 문자열을 생성한다. 그 문자열은 사실상 해당 커밋을 식별할 수 있는 유일한 해시값이다. 심지어 서로 다른 두 컴퓨터에서 같은 내용의 커밋이 이뤄졌다 해도 그렇다. 만약 완전히 동일한 두 개의 커밋이 있다면 어떤 컴퓨터가 그 커밋을 저장소에 추가했는지와 무관하게 동일한 해시값을 가질 것이며, 따라서 동일한 커밋 ID를 갖게 될 것이다. 반대로 조금이라도 다른 점이 있는 커밋이라면, 하다못해 사용자 이름이라도 다르다면 두 커밋은 서로 다른 ID를 갖게 된다. 따라서 각 해시값은 개별 커밋을 유일하게 식별할 수 있음을 보장한다.

긴 해시값 덕분에 컴퓨터 사이에 커밋을 쉽게 전환하게 해 순조로운 협업을 가능케 하지만, 사용자 입장에선 다른 문제가 하나 생긴다. 해시값의 길이가 너무 길어서 읽거나 쓰기에 불편하다는 점이다. 다행히 사용자가 커밋 ID의 일부만 사용해도 Git은 그게 어떤 커밋을 말하는지 판별할 수 있을 정도로 똑똑하다. 최소 4자리 이상의 ID이며 해당 저장소 안에서 유일하기만 하다면 말이다.

예를 들어 앞서 보여줬던 커밋 ID는 다른 커밋과 전혀 겹치지 않는, 65ae와 같은 4자리로 줄여 사용할 수 있다. 사실 Git 저장소에 수만 개의 커밋이 있다 해도 대부분의 경우엔 65ae00e와 같은 7자리 ID로도 모든 커밋을 구별하는 데 충분하다. 그런 이유로 Git은 응답 메시지를 보여줄 때 주로 짧은 ID를 사용한다.

드문 일이긴 하지만 두 짧은 ID가 겹친다 하더라도 Git은 자동으로 자릿수를 추가해 문제를 해결한다. 예를 들어 아마도 현존하는 가장 크고 오래된 Git 저장소인 리눅스 커널 프로젝트(http://bkaprt.com/gfh/01-02/)에선 ID가 겹치지 않게 하기 위해 7자리는 불충분하며 11자리가 되야 충분하다는 사실을 알게 됐다. 이에 Git은 전체 프로젝트 안에서 유일할 수 있을 만큼 자동으로 ID의 길이를 늘이게 됐다.

커밋 메시지

Git이나 GitHub와 같은 툴은 커밋에 있는 변경 내용이 무엇인지 알 수 있는 다양한 방법을 제공한다(일부는 나중에 살펴볼 것이다). 그러나 변경 사항을 간단하고 깔끔하게 잘 요약한 커밋 메시지를 만들면 그런 툴을 사용하는 시간을 절약할 수 있다.

단언컨대 커밋 메시지는 커밋에서 가장 중요한 부분이다. 왜냐하면 변경된 내용뿐만 아니라 변경한 이유를 남길 수 있는 유일한 장소이기 때문이다.

좋은 메시지를 만들려면 어떻게 해야 할까? 우선 메시지가 짧아야 한다. 단지 간결함이 지혜로움의 핵심이기 때문만은 아니다. 대부분 Git의 커밋 로그 안에서 커밋 메시지를 확인하게 되는데, 그 공간이 그리 크지 않기 때문이다.

커밋 로그는 프로젝트의 뉴스 피드이며 로그 메시지는 각 커밋의 헤드라인이라고 생각하자. 혹시 신문이나 버즈피드BuzzFeed 같은 뉴스 사이트 헤드라인만 훑어보고 나서도 세상에서 벌어지고 있는 일들을 대략적으로 알게 된 적이 있지 않은가? 좋은 헤드라인은 이야기 전체를 말하려 하지 않는다. 대신 그 기사가 무엇에 관한 이야기인지 충분히 알 수 있게 해준다.

만약 혼자 일하거나 또는 한두 명이 같이 일한다면 로그는 단지 이력을 쌓는 목적으로만 관심을 가질 수도 있다. 왜냐하면 대개 커밋하는 현장에 당사자가 있을 것이기 때문이다. 그러나 Git 저장소는 수많은 사람들이 이용한다. 따라서 커밋 로그는 당사자가 현장에 없었을 때 무슨 일이 일어났는지도 알 수 있는 값진 수단이다.

엄밀히 말하면 커밋 메시지는 여러 라인도 가능하다. 원하는 만큼 자세하고 길게 쓸 수도 있다. Git은 커밋 메시지에 어떤 제약도 두지 않으며, 해당 커밋에 대한 추가 정보가 필요하다면 다음과 같이 문단을 추가해도 된다.

Updated Ruby on Rails version because security

Bumped Rails version to 3.2.11 to fix JSON »
  security bug.
See also http://weblog.rubyonrails.org/2013/1/8/ »
  Rails-3-2-11-3-1-10-3-0-19-and-2-3-15-have-been- »
  released/

위 메시지는 여러 라인으로 돼 있지만, 로그에는 오직 첫 라인만 보이게 된다는 점에 주의하기 바란다. 따라서 첫 라인이 중요하다.

commit f0c8f185e677026f0832a9c13ab72322773ad9cf
Author: David Demaree <david@demaree.me>
Date: Sat Jan 3 15:49:03 2013 -0500

Updated Ruby on Rails version because security

바람직한 뉴스 헤드라인과 마찬가지로, 이 첫 라인에는 커밋을 하는 이유가 요약돼 있다. 나머지 라인은 상세 내용으로 분류된다.

텍스트 에디터를 사용한 메시지 작성

비록 예제에선 git commit에 --message나 -m 인자를 사용해 커밋 메시지를 인라인으로 입력했으나, 본인이 선호하는 텍스트 에디터를 사용할 수 있다면 더욱 편할 것이다. Git은 빔Vim이나 이맥스 Emacs와 같은 명령행 기반뿐만 아니라 아톰Atom, 서브라임 텍스트Sublime Text, 텍스트메이트TextMate와 같은 최신 그래픽 기반의 애플리케이션까지, 여러 유명 에디터와 멋지게 연계된다. 에디터 설정만 돼 있다면 커밋 명령에서 `--message` 플래그를 생략해도 된다. 그러면 Git은 커밋 메시지 작성의 역할을 해당 프로그램으로 넘긴다. 또한 작성을 다 하고 에디터 창을 닫으면 Git은 그 메시지를 자동으로 가져온다.

이 귀여운 연계 기능을 이용하려면 먼저 원하는 에디터를 Git에 설정해야 한다(이때 에디터의 실행 명령어를 사용한다). 예를 들어 커밋 메시지를 아톰에서 작성하고 싶다면 다음과 같이 설정할 수 있다.

```
$: git config --global core.editor "atom --wait"
```

텍스트 에디터마다 Git과의 연계를 위해 전달해야 하는 인자나 옵션이 조금씩 다를 것이다. 아톰의 경우 `--wait` 옵션을 줘야 하듯이 말이다. GitHub의 도움말 문서에 여러 에디터의 설정 방법이 잘 나와 있다(http://bkaprt.com/gfh/05-05/).

좋은 메시지의 조건

효과적인 커밋 메시지를 만들기 위한 엄격한 규칙은 거의 없다. 단지 수많은 가이드와 사례가 난무한다. 항상 그 모두를 따르려고 한다면 큰 혼란에 빠지게 될 것이다.

그런 고통을 덜어주기 위해 내가 늘 권장하는 몇 가지 가이드라인만 여기에 제시한다.

유용하게

커밋 메시지의 목적은 변경 사항을 요약하는 것이다. 그러나 변경 사항을 요약하는 목적은 프로젝트에서 어떤 일이 벌어지고 있는지 이해할 수 있도록 하는 것이다. 따라서 메시지에 넣는 정보는 읽는 사람에게 가치 있고 유용한 것이다.

커밋 메시지를 자신의 의견이 아닌, 버그나 Git, 또는 자신의 무능함을 욕하는 공간으로 사용하면 재미는 있을 수 있다. 그러나 '아아아아악, 이 빌어먹을 버그!'와 같은 커밋 메시지를 작성하고픈 유혹에 빠지지 말아야 한다. 그 대신 숨을 깊이 들이쉬고 커피나 허브차를 한잔하거나, 아니면 머리를 맑게 할 수 있는 어떤 활동을 하고, 그런 다음 **이 커밋에서 변경된 내용**을 간결하고 명쾌하게 설명하는 메시지를 작성하기 바란다.

짧고 명확한 설명에 더해, 만약 커밋이 다른 시스템의 정보와 어떤 관련이 있다면 그런 사항도 덧붙이는 게 좋다. 예를 들어 이 커밋이 버그 추적기에 기록된 버그를 수정한 거라면, 다음과 같이 해당 이슈나 버그 번호를 포함시킨다.

```
Replace jQuery onReady listener with plain JS;  »
  fixes #1357
```

모든 GitHub 프로젝트에 탑재돼 있는 버그 추적기를 포함해, 몇몇 버그 추적기는 Git을 후킹하기도 한다. 즉, 위와 같은 메시지를 가진 커밋이 `master`에 병합되는 즉시 1357 버그가 조치됐음을 자동으로 표기한다.

(충분히) 상세하게

소프트웨어 엔지니어로서 나는 커밋 메시지든, 이메일이든, 상황 보고서든, 미팅 자료든 항상 모범생처럼 자세한 내용으로 채우고 싶어 했다. 솔직히 나는 '범생이' 스타일이 좋다. 그러나 어떤 자세한 내용은 변경 사항을 이해하는 데 중요할 수도 있는 반면, 대부분 변경 사항을 간결하게 설명하는 일반적인 이유가 있다. 또한 변경 사항에 대한 자세한 내용을 하나하나 나열할 공간도 부족하며, 그렇지 않아도 이미 커밋 로그가 공간을 일부 차지하고 있다. 무언가를 쉽게 설명하려는 노력은 다른 팀원이 변경 사항에 대해 더 알기 쉽게 할 뿐만 아니라, 공간을 절약할 수 있는 좋은 방법이다.

좋은 경험 법칙 중 하나는, 커밋 메시지에서 '주제'에 해당하는 부분을 한 라인 또는 대략 70개 글자로 만들라는 것이다. 메시지에 포함될 가치가 있는 중요한 상세 내용이 있으나 주제 라인에 넣을 필요는 없다면, 별도의 문단으로도 추가할 수 있음을 기억하기 바란다.

일관되게

커밋 메시지를 어떻게 만들기로 결정하든, 늘 유사한 방식의 규칙을 따르려고 한다면 커밋 로그는 더욱 가치 있게 될 것이다. 커밋 메시지는 너무 짧아서 정교한 스타일 가이드까지 필요하진 않다. 그러나 팀 내 최소한의 규칙 수립을 논의하거나, 커밋 메시지의 좋은 예와 나쁜 예를 위키를 통해 공유하는 등의 노력은 프로젝트 진행에 많은 도움이 될 것이다.

능동적으로

커밋 로그는 정적인 대상의 목록이 아니라 **변경 사항**의 목록이다. 바꿔 말하면 버전이라는 결과물이 될 작업의 **행위** 목록이다. '버전 1.0'이나 '1월 24일 배포'와 같이 작업의 버전을 커밋 메시지에 표시하고 싶은 유혹이 있을 수 있다. 그러나 그보다 더 나은 방법이 존재한다. 게다가 그런 식으로 할 경우 다음과 같은 민망한 상황이 되기 일쑤다.

```
# 새 사이트 배포 전 마지막 홈페이지 업데이트
$: git commit -m "Version 1.0"

# 10분 후 CSS에서 발견된 오타 수정
$: git commit -m "Version 1.0 (really)"

# 다시 40분 후 다른 오타 수정
$: git commit -m "Version 1.0 (oh FFS)"
```

변경 사항을 기술하는 일은 커밋 메시지의 가장 올바른 형태일 뿐만 아니라 가장 지키기 쉬운 규칙이기도 한다. 이 커밋이 배포 버전인지 아닌지 같은 추상적인 문제를 걱정하기보다는, **내가 어떤 일을 했고 이게 내가 한 일이다**라는 식의 훨씬 쉬운 얘기로 설명할 수 있다.

따라서 위의 'Version 1.0' 커밋은 다음과 같이 더욱 쉽고 명확하게 기술할 수 있다.

```
$: git commit -m "Update homepage for launch"
$: git commit -m "Fix typo in screen.css"
$: git commit -m "Fix misspelled name on about page"
```

또한 일관성을 위해 한 번 정한 시제를 계속 사용하길 권한다. 나는 커밋을 설명할 때 보통은 현재 시제를 사용한다. 예를 들어, '회사 소개 페이지의 오타를 바로잡다'와 같이 쓰지, '바로잡았다'나 '바로잡는다'라고 쓰지 않는다. 나의 경우에 그렇다는 말이며, '바로잡았다'나 '바로잡는다'라고 써도 글자수가 살짝 늘어날 뿐 문제될 게 없다. 본인이나 소속팀의 취향에 맞는 스타일을 사용하되, 일관성을 유지하기 바란다.

만약 일관성 없는 커밋 메시지를 사용하면, Git 저장소는 작동을 멈추며 지금까지의 작업 내용이 모두 삭제된다. **농담이다.** 인간은 오류를 범하기 쉽고, 실수는 언제든 할 수 있다. 따라서 커밋 로그의 일부가 쓸데없는 내용일 수도 있다. 그럼에도 불구하고 스타일 규칙을 따르면 따를수록 더 익숙해질 것이다. 커밋 메시지를 잘 만들려는 노력은 더 가치 있는 커밋 로그의 결과로 나타날 것이다.

커밋 메시지의 작성과 관련해 팀 폽^{Tim Pope}의 'Git 커밋 메시지에 대해^{A Note About Git Commit Messages}'(http://bkaprt.com/gfh/05-06/)와 크리스 빔스^{Chris Beams}의 'Git 커밋 메시지 작성 방법^{How To Write A Git Commit Message}'(http://bkaprt.com/gfh/05-07/)이라는 기사도 참고하기 바란다.

좋은 커밋 만들기

24 Ways(24ways.org)에서 엠마 제인 웨스트비^{Emma Jane Westby}는 자신이 쓴 글에서 '커밋에는 완료한 작업의 모든 영감이 포함돼야 한다'라고 했다(http://bkaprt.com/gfh/05-08/). 커밋의 역할은 변경 사항들을 논리적 덩어리로 집어넣는 것이다. 때로는 특정 변경 사항을 커밋하는 이유가 '개발자인 내가 느끼기에 지금 상태를 저장해 놓는 게 의미가 있다' 정도로 단순할 수 있다. 그러나 어떤 변경 사항에 대해선 그보다 더 많은 의미와 얘기가 있을 수 있다.

데이터를 정제하고 무결성을 유지하는 소프트웨어 툴로서 Git은 무엇을 언제 커밋하는지에 대해 놀랄 만큼 유연하다. Git의 멋진 점 가운데 하나는 모든 변경 사항의 스테이징과 커밋을 한 번에 하도록 강제하지 않는다는 점이다. 변경된 파일 중 **일부**만, 심지어는 파일의 변경된 **일부분**만 커밋하기 위해 작업 사본으로 옮길 수 있다. 나머진 스테이징하지 않거나 커밋하지 않은 채로 놔두고 말이다. 예를 들어 하나의 스타일시트 파일에 서로 관련 없는 세 종류의 변경을 했다면, 적절한 판단에 따라 각 변경 사항을 따로 커밋하거나 한 꺼번에 커밋할 수 있다.

 진행하고 있는 프로젝트에서 자바스크립트 파일과 README 파일을 서로 관련 없는 이유로 각각 변경했다고 가정하자. 현재 상태는 다음과 같다.

```
[master] $: git status
# On branch master
#
# Initial commit
#
# Untracked files:
#   (use "git add <file>..." to include in what will
  be committed)
#
#       README.md
#       site.js
```

가장 쉽게 하려면 'onReady 이벤트 리스너 추가; README 수정'과 같이 두 내용을 하나의 메시지로 만들어 두 파일을 한 번에 커밋하면 된다. 그러나 두 변경 사항을 분리해 커밋하는 게 더 의미 있고 로그에 문맥도 보강되는 효과가 있는 경우라면 그렇게 할 수 있는 쉬운 방법이 있다.

 먼저 둘 중 하나를 스테이징하고 커밋한다.

```
$ git add site.js
$ git commit -m "Add onReady event listener"
[master 591672e] Add onReady event listener
```

```
1 file changed, 3 insertions(+)
```

README 파일은 수정됐으나 여전히 스테이징되지 않은 상태이므로, 별도로 커밋이 가능하다.

```
$ git add README.md
$ git commit -m "Update README"
[master 96406dd] Update README
 1 file changed, 1 insertion(+)
```

이제 로그를 확인해보면 각 커밋에 대해 좀 더 믿을 수 있는 설명을 볼 수 있을 것이다.

완벽하게 매번 이런 식으로 일하기는 힘들다. 단일한 업무로 분리하고 완벽한 내용의 메시지를 추가한 완벽한 커밋이란 오히려 예외적이다. '헤더를 수정함'과 같은 모호한 메시지와 함께 많은 양의 지저분한 커밋으로 스스로를 괴롭히지 말길 바란다. 다만 좀 더 나은 커밋은 가능한 일임을 알고, 할 수 있다면 좋은 커밋을 목표로 하면 된다.

커밋 비교

지금까지 버전, 상태, 시간이 지남에 따라 변경 사항이 축적되는 방법에 대해 많은 얘길 했다. 우리는 하나의 커밋을 다룰 때 **지금 당장**의 작업 상태를 넘어 과거의 상태와 미래의 상태도 고려한다. 커밋 메시지를 작성하고 커밋에 포함시킬 내용을 결정할 때 우리가 했던 작업에 대해 생각하게 되며, 이는 결과적으로 좀 더 신중하고 사려 깊게 작업할 수 있는 계기가 된다.

무엇보다도 Git은 프로젝트의 변경 사항, 정식으로 말하면 커밋에 의해 대변된 상태 사이의 변화가 실제 발생한 이벤트에 기반하길 사용자에게 요구한다. 각 커밋은 전체 프로젝트의 스냅샷뿐만 아니라 이전 커밋에 비해 달라진 점(물론 맨 처음 커밋은 예외다)을 나타낸다. 결과적으로 버전에 대해 생각하고 작업하고자 할 때, 특히 변경된 내용과 관련해 버전을 비교하고 싶을 것이다. 커밋 메시지를 통해 요약된 정보는 알 수 있지만, 그 외에도 Git에는 두 커밋 간의 차이점을 실제로 조사하는 편리한 방법이 있다.

`git diff`('difference'의 약자)는 프로젝트 또는 파일의 두 버전 사이의 차이점을 보여준다. `git log`와 많이 닮았다. 원한다면 로그 출력에서 보여주는 차이점 정보 형태를 입맛에 맞게 선택할 수 있다. 또한 커밋된 버전의 비교뿐만 아니라, 커밋하지 않은 변경 사항이 있을 경우 `git log`를 사용해 마지막 커밋과 작업 사본 안의 어떤 것과도 비교할 수 있다.

이제 현재 상황에서 `git diff`를 하면 다음과 같이 README 파일의 변경 사항을 보게 될 것이다.

```
$: git diff
diff --git a/README.md b/README.md
index 0c0a11f..48fb805 100644
--- a/README.md
+++ b/README.md
@@ -1 +1,3 @@
-# My Project
\ No newline at end of file
+# My Project
+
```

```
+This is a project managed by Git.
\ No newline at end of file
```

확실히 위 결과는 읽기가 쉽지 않다. `git diff`의 출력 결과는 기본적으로 1970년대 초에 개발된 유닉스의 비교 툴인 'diff'를 사용해 생성되며, 터미널 창보다 긴 텍스트를 보여줄 때 사용되는 'less'라고 하는 페이징 프로그램이 사용된다(위 출력 결과는 간단한 예이며, 대부분 더 길고 복잡할 것이다).

위 출력 결과를 해석해보자. 대시(-)로 시작하는 라인은 삭제한 사항을, 플러스 기호(+)로 시작하는 라인은 추가 사항을 알려준다. `git diff`는 변경된 **라인**에 집중하므로, 어떤 라인에서 한 글자만 바뀌었다 해도 Git은 그 라인이 변경된 것으로 간주한다. 또한 Git의 관점에선 파일 이름 변경이 이전 파일 삭제와 새 파일 추가의 조합이듯, 한 라인의 변경 역시 삭제와 추가로 본다. 위 결과에서 삭제된 헤드라인과 추가된 헤드라인이 모두 보이지만, 커밋된 버전의 경우 헤드라인 다음에 줄 바꿈이 없다는 게 차이점이다. 그렇다. 줄 바꿈의 추가조차도 그 라인이 변경된 것으로 간주되는 데 충분하다.

`git diff`는 믿을 수 없을 정도로 유용하다. 그러나 유닉스의 diff 형식에 익숙하지 않다면 별도의 애플리케이션이나 GitHub와 같은 호스팅 서비스에서 제공하는 GUI 툴을 사용하길 진심으로 권한다. GitHub나 GitHub 엔터프라이즈는 호스팅받는 프로젝트의 모든 저장소마다 잘 요약된 차이점을 쉽게 볼 수 있는 비주얼한 비교 화면을 제공하며, 이는 프로젝트 URL에 `/compare`를 붙이면 볼 수 있다(그림 5.1).

또한 맥 사용자는 블랙 픽셀Black Pixel사의 컬라이더스코프Kaleidoscope를 고려해볼 만하다(http://bkaprt.com/gfh/05-09/). 컬라이더스코프는 Git과는 관계 없이 어떤 두 파일이라도 비교해주는 범용 파

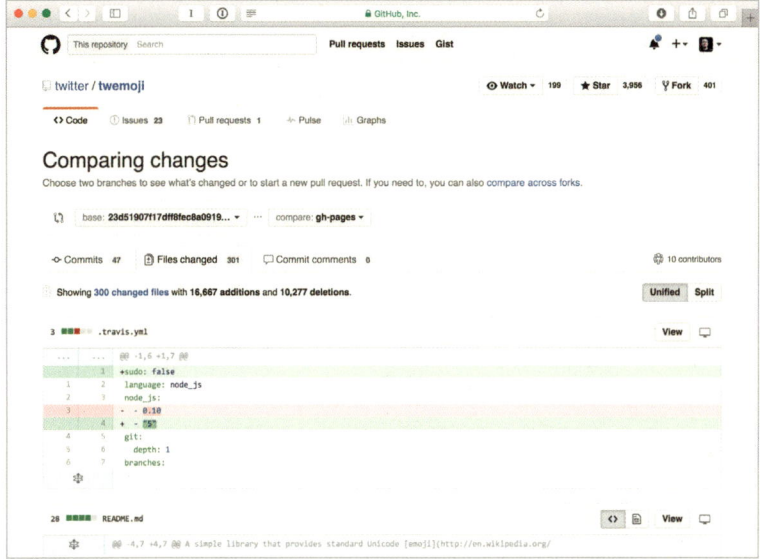

그림 5.1 GitHub는 두 커밋의 차이가 색으로 구분돼 있어 아주 쉽게 읽을 수 있는 훌륭한 비교 화면을 제공한다.

일 비교 툴이다. 그렇긴 하지만 `git difftool` 명령을 통해 Git이 컬라이더스코프를 실행할 수 있게 하는 설정을 포함한, Git과의 연계도 훌륭히 지원한다(그림 5.2).

또한 `git diff` 명령에 `--stat` 옵션을 주면 훨씬 읽기 쉬운 형태로 결과를 보여준다. 즉, 두 버전에서 차이가 있는 전체 파일 목록과 변경된 이력을 나타내도록 요약해 보여준다.

다음은 타입킷Typekit의 웹 폰트 로더Web Font Loader 저장소의 현재 헤드 커밋(HEAD) 커밋과 그 전 커밋(HEAD~1)의 차이를 보기 위한 `git diff` 실행 결과다.

```
$ git diff --stat HEAD~1
```

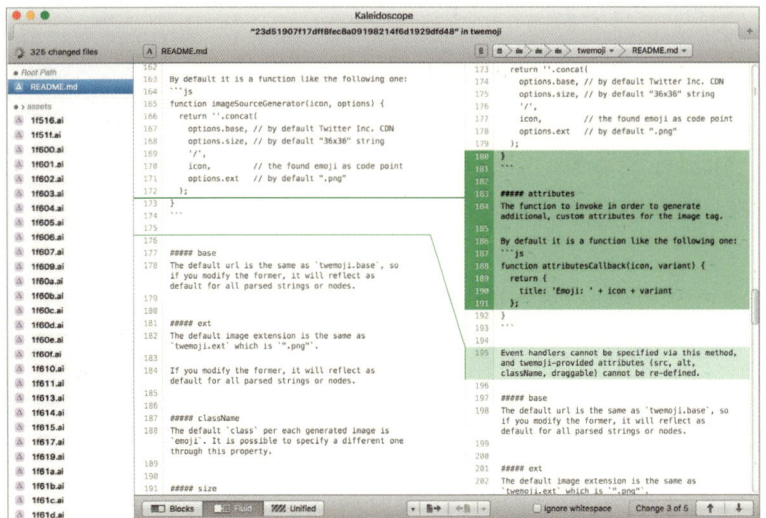

그림 5.2 Git은 차이 나는 부분을 색으로 구분해주거나 쉬운 내비게이션을 지원하는 비주얼 파일 비교 앱과도 잘 연계된다.

```
CHANGELOG                    | 3 +++
lib/webfontloader.rb         | 2 +-
webfontloader.gemspec        | 2 +-
webfontloader.js             | 4 ++--
4 files changed, 7 insertions(+), 4 deletions(-)
```

원래의 `git diff`에 비해 간결하지만, 동시에 커밋의 차이점을 잘 요약해 보여주고 있다. 각 라인에선 `lib/webfontloader.rb`와 같이 이 커밋에서 변경된 파일을 보여준다. 그 다음엔 파이프 문자(|)로 분리해 그 파일의 변경 통계(추가 하나와 삭제 하나)를 보여준다. Git도 알고 우리도 알다시피 이는 커밋 딱 하나만큼의 변경 사항이므로 라인 하나가 수정된 것임을 추론할 수 있다.

여기서 자세한 사항이 필요하다면 `git diff HEAD~1 webfont loader.js`와 같이 특정 파일 하나, 또는 여러 파일 이름을 지정하거나 아니면 프로젝트 전체에 대해 원래의 `git diff` 결과를 요청할 수 있다. 또한 다음과 같이 더 긴 기간 동안의 커밋 통계를 보는 일도 가능하다.

```
$: git diff -stat HEAD~15
    .travis.yml                         | 5 +-
    CHANGELOG                           | 12 ++
    README.md                           | 24 +--
    lib/webfontloader.rb                | 2 +-
    package.json                        | 5 +-
    spec/core/fontwatcher_spec.js       | 3 -
    spec/core/fontwatchrunner_spec.js   | 441 +++++++++--
    ------------
    src/core/domhelper.js               | 26 ++-
    src/core/fontruler.js               | 2 +-
    src/core/fontwatcher.js             | 22 +-
    src/core/fontwatchrunner.js         | 33 +--
    webfontloader.gemspec               | 6 +-
    webfontloader.js                    | 42 ++--
13 files changed, 207 insertions(+), 416 deletions(-)
```

`webfontloader.js`가 있는 라인을 보면 자칫 약 50개 커밋만큼의 변경 사항이 하나로 요약된 듯하지만, `git diff`나 `git diff -stat`이 오직 두 커밋을 비교한다는 사실을 명확히 알 수 있는 결과다. 예를 들어 `HEAD~50`은 이전 50개의 커밋이 아니라, 50번째 이전의 커밋 하나를 의미한다. 그러나 모든 커밋은 프로젝트의 완전한 스냅샷이며,

바로 이전 커밋에 기반해 만들어진다는 사실을 기억하자. 논리적으로 현재 커밋과 15번째 이전 커밋과의 차이를 보는 것은 마지막 50개 가량 변경 사항의 요약본을 보는 것과 대략적으로 같다. 그 변경 사항들은 모두 여전히 현재 커밋을 기준으로 존재하기 때문이다.

통계를 보는 일이 의미 있다고 생각되면 아예 `git log` 명령에 `--stat` 옵션을 붙여 사용할 수 있다. 다음은 통계를 포함하고 커스텀 형식을 적용했으며 이전 커밋 이후의 변경 사항을 보기 위한 `git log` 명령과 그 결과다.

```
$ git log --stat --pretty=format:"%h (%an) %s" »
  HEAD~1..
d08a7f2 (Bram Stein) Release 1.5.10
  CHANGELOG              | 3 +++
  lib/webfontloader.rb   | 2 +-
  webfontloader.gemspec  | 2 +-
  webfontloader.js       | 4 ++--
 4 files changed, 7 insertions(+), 4 deletions(-)
```

태그

긴 또는 짧은 커밋 ID, 브랜치 이름, HEAD 포인터 등 지금까지 본 모든 종류의 참조 이외에도, **태그**tag라고 하는 친숙한 이름을 커밋에 붙일 수 있다. 태그는 특정 커밋에 읽기 편한 이름을 할당한단 점에서 브랜치와 많이 비슷하다. 그러나 각 변경 사항이 생기면 헤드 커밋이 이동하는 브랜치와는 달리, 태그는 **항상** 특정 커밋을 참조함으로써, 히스토리에서 흥미롭거나 중요한 순간을 나타낸다.

프로젝트에 따라 태그를 사용하지 않기도 하고 많이 사용하기도 한다. Git 워크플로의 핵심이라고 할 수 있는 브랜치와는 달리, 태그는 Git 시스템의 내부적인 의미나 역할이 없기 때문에 많은 프로젝트에서 사용하지 않기도 한다. 웹사이트나 애플리케이션에 있어서 태그의 가치는 전적으로 운영 서버로의 코드 출시 방법에 달렸다. 많은 팀들이 master의 최신 코드를 서버에 올림으로써 배포 작업을 한다. 병합하는 시기와 방법에 대한 규칙을 정함으로써 공개될 코드를 제어하고, master에 있는 모든 사항이 출시 준비가 됐는지 품질을 확인한다. 대부분 사용자에게 브랜치는 태그보다 간결할 뿐만 아니라 더 의미를 갖는다. master라는 브랜치 이름은 단지 커밋의 참조를 넘어 작업선상에 있어서 가장 마지막 커밋을 참조한다는 의미를 갖는다. 또한 브랜치 이름에 관해선 변경하는 경우가 거의 없고 따라서 할 일도 적다.

Git 태그는 버전이 매겨진 소프트웨어 라이브러리나 프레임워크에 주로 사용된다. 예를 들어 루비 온 레일즈 4.2.0에 해당하는 코드는 Git 저장소에 rel-4.2.0이라는 태그가 붙어 있는 코드이며, 이는 다시 7847a19 커밋을 나타내고 그 커밋 메시지에는 친절하게도 '4.2.0 출시 준비'라고 돼 있다(http://bkaprt.com/gfh/05-10/). 공식 버전인 4.2.0은 rubygems.org에서 호스팅되는 루비 패키지 형태이며, 이때 태그는 그 패키지와 해당 커밋을 연결해주는 역할을 한다.

커밋에 태그를 붙일 때 사용하는 명령은 git tag이며, 항상 첫 번째 파라미터가 태그 이름이다. 다음은 현재 브랜치의 현재 커밋에 fhqwhgads라는 태그를 붙이는 명령이다(fhqwhgads는 〈홈스타 러너Homestar Runner〉라는 플래시 만화의 인기 캐릭터인 '스트롱 배드Strong Bad'에게 메일을 보내 화제가 됐던 어느 팬의 필명이다. 아무튼 여기서 이런 별난 예를 든 것을 양해하기 바란다).

```
$: git tag fhqwhgads
```

커밋에 태그를 붙였으므로 이제 어느 곳에서든 fhqwhgads를 사용하면 Git이 커밋 ID를 찾아올 수 있게 됐다.

현재 체크아웃한 커밋이 아닌 다른 커밋에 태그를 붙이고 싶다면 커밋 ID를 넘기면 된다.

```
$: git tag fhqwhgads 8891c37
```

Git의 그 무엇이든 단순한 것만 있지 않듯, 태그에도 두 종류가 있다. 위에서 사용한 태그는 **경량**lightweight 태그라고 하는데, 마치 브랜치와 비슷하게 단지 커밋을 가리키는 이름으로만 저장된다.

다른 하나는 **주석**annotated 태그로서, 마치 커밋 메시지와 같이 메시지를 추가로 포함시킬 수 있다.

```
$: git tag fhqwhgads -a -m "Fhqwhgads release (22 »
   Dec 2014)"
```

또한 브랜치와 마찬가지로 태그도 git push를 사용해 리모트로 공유할 수 있다.

```
$: git push fhqwhgads
```

태그와 관련된 규칙이 많진 않지만, 이제부터 볼 엄격한 몇 개의 규칙들은 있다.

유일한 태그 이름

프로젝트의 두 버전이 같은 이름을 갖고 있다면 큰 문제가 될 수 있다. Git은 이미 존재하는 이름과 동일한 태그 이름을 허용하지 않으며, 서버로의 태그 푸시를 거부한다.

Git은 태그 이름과 브랜치 이름의 중복은 허용한다. 그러나 무엇을 하든 그 이름을 사용할 경우 Git은 브랜치를 우선으로 하며, 사용자가 의도했던 일이 아닐 수도 있음을 알려준다. 다음은 branch-2라는 이름의 태그와 브랜치가 모두 존재하는 상황에서 branch-2의 체크아웃을 시도한 결과다.

```
$ git checkout branch-2
warning: refname 'branch-2' is ambiguous.
Switched to branch 'branch-2'
```

편히 살고 싶다면 브랜치와 태그에 동일한 이름을 부여하지 말기 바란다. 많은 경우 브랜치와의 구별을 위해 태그 이름에는 접두어를 붙인다. 예를 들어 근처에서 배회하고 있는 fhqwhgads 브랜치와의 구별을 위해 앞의 fhqwhgads라는 태그 이름 대신 rel-fhqwhgads라는 이름으로 할 수 있다. 또한 접두어를 통해 이 태그가 나타내는 바를 추가할 수 있다는 이득이 있다. 예를 들어 앞에서 rel은 'release'의 의미로 사용했다.

고정불변의 태그

태그의 변경은 기존 태그를 지우고 새로운 태그로 대체함으로써 가능하다. 만약 실수로 원하지 않은 커밋에 태그를 붙였다면 git tag -d <tagname>을 사용해 그 태그를 지우면 된다.

그렇긴 해도 태그의 목적은 특정 커밋에 대해 고정된 별명을 만들어주는 일이다. 태그 이름이나 그 커밋이 변경된다면 일이 더 복잡해질 것이다. 일단 리모트에 태그를 푸시했으면, 특히 협업을 위해 다른 사람과 공유하기 위한 리모트라면 그 태그를 바꾸지 말길 바란다. 물론 태그를 변경할 필요가 있거나 새 이름으로 새 태그를 만드는 것보다 기존 태그를 바꾸는 게 더 쉬운 상황일 수 있다. 허나 그런 상황은 매우 예외적이다. 팀원 모두에게 rel-wombat.0이 실제로 계획했던 커밋이라고 설명하느라 골치 아파야 할 정도의 가치는 없다.

git checkout과의 시간 여행

했던 일을 검토하는 것은 좋은 일이다. 그러나 브랜치를 전환할 때 사용했던 동일한 git checkout 명령으로 예전 커밋을 체크아웃함으로써 직접 과거로 찾아갈 수 있다. '체크아웃'이라는 말은 '이봐, 이 귀여운 판다 비디오 좀 확인해봐(check out)'라고 할 때처럼 일상 언어로서의 의미뿐만 아니라 버전 관리 관점에서의 의미도 있다. 커밋이나 브랜치를 체크아웃한다는 것은 단지 과거 버전의 작업 내용을 보는 것뿐만 아니라, 그 버전으로 프로젝트 로컬 사본을 다시 세팅하는 의미다. 이때의 '체크아웃'은 '도서관 책을 대출받는다(check out)'고 할 때의 의미와 더 유사하다. 만약 이 비유가 잘 이해되지 않는다면, 과거의 커밋을 찾아가는 게 아니라 새로운 커밋을 추가하는 경우라도 언제나 체크아웃된 프로젝트 버전 하나를 갖고 있으며 그 브랜치에 커밋을 추가하는 거란 사실을 기억하길 바란다.

커밋의 체크아웃은 그 후에 새로운 커밋을 추가하려는 의도가 없는 경우라는 점에서 브랜치의 체크아웃과 다르다. 그렇다고 커밋을 추가하지 못한다는 말은 아니다. 둘의 차이를 이해하기 위한 예를 살펴보자.

프로젝트를 처음 배포할 당시인 몇 주 전만 해도 특정 브라우저나 디바이스에서 정상이었던 웹사이트가, 이젠 비정상으로 보인다는 보고를 사용자로부터 접수했다고 가정하자. 또한 그 앱을 처음 푸시할 당시 커밋 태그는 `rel-v1.0`이었다고 하자.

가장 먼저 할 일은 배포했던 버전을 체크아웃하고 브라우저로 열어봄으로써, 배포 당시의 코드가 원래부터 제대로 작동했는지를 확인하는 일이다. 여기선 브라우저에서 직접 열어 볼 수 있는 정적 웹사이트를 가정했지만, 그런트^{Grunt}나 미들맨^{Middleman} 등과 같은 툴을 사용해 빌드 과정을 거쳐야 하는 사이트라고 해도 상관 없다. 체크아웃한 후에 빌드하거나 서버 작업을 수행하면 되기 때문이다.

태그나 커밋 ID와 함께 `git checkout`을 실행한 결과는 다음과 같다.

```
$: git checkout rel-v1.0
Note: checking out 'rel-v1.0'.
```

이 명령은 원하는 프로젝트 버전과 일치되도록 작업 사본의 파일과 폴더를 다시 세팅하는데, ID는 `591672e`이며 태그가 `rel-v1.0`인 커밋이다. 이제 웹사이트를 열어 확인해보니 출시 당시엔 문제가 없었다는 것을 알게 됐다. 그렇다면 그 이후 추가된 커밋에 대해 로그를 보거나(`git log rel-v.10.. master`) 또는 이 버전과 마지막 버전 사이의 실제 차이점을 확인(`git diff rel-v.1.0..master`)함으로써 조사를 계속할 수 있다. 특정 커밋으로 인해 버그가 유입된 것으로 보인다면, 그 커밋을 체크아웃해 직접 확인함으로써 범인임을 확신하거나 아니면 의심을 거두면 된다. Git은 이런 종류의 바이너리 검색과 특정 이슈를 일으킨 커밋의 자동 검색을 수행하는 툴(`git bisect`)도 제공한다. `git bisect`를 사용해 버그를 박멸하는 방법에 대해선 토비아스 귄터^{Tobias Günther}가 웹진 「**어 리스트 어파트**^{A List Apart}」에 기고한 훌륭한 글이 있으니 참고하기 바란다(http://bkaprt.com/gfh/05-11/).

분리된 HEAD 상태

브랜치가 아닌 커밋을 체크아웃하면 '분리된 HEAD detached HEAD' 상태에 놓이게 된다. 즉, 헤드 포인터가 브랜치가 아닌 특정 커밋을 가리키는 상태다. '분리된'은 어떤 브랜치와도 떨어져 있다는 느낌으로 쓰인 말이다. 이는 실제로 새 커밋을 만들 수 있고 저장도 되지만 그 커밋으로 돌아갈 수 있는 브랜치 이름이 존재하지 않는다는 의미다.

아마도 분리된 상태에서 커밋을 추가하려고 하진 않을 것이다. Git은 사용자가 예전 커밋을 체크아웃하는 대부분이 예전 코드를 검토하기 위해서지, 변경하기 위해서가 아니라고 가정한다(변경은 브랜치의 존재 이유다).

반대로 또 하나의 기능이라 볼 수도 있다. 분리된 상태에서의 커밋은 마치 메모장같이 쓸 수 있기 때문이다. 분리된 상태에서 사용자는 자유롭게 실험적인 작업과 커밋을 할 수 있으며, 다른 브랜치를 체크아웃함으로써 언제든지 그 커밋을 버릴 수 있다. 게다가 잘못된 변경 사항이 모든 이들의 작업 사본에 침투한다던가 출시되는 상황보다는 덜 위험하다. 왜냐하면 git branch나 git checkout -b를 통해 새 브랜치로 이동시키지만 않는다면 그 커밋은 고아나 다름 없기 때문이다. 만든 커밋을 새 브랜치에 유지하고 싶다면 다음과 같이 체크아웃 명령에 -b 옵션을 사용하면 된다.

```
$: git checkout -b new_branch_name
HEAD is now at 591672e... Release v1.0
```

분리된 HEAD 상태로부터 다시 돌아오려면(말하자면 재부착된 HEAD 상태가 되려면) 브랜치를 체크아웃하면 된다. 다음은 master로 되돌아오는 예다.

```
$: git checkout master
Previous HEAD position was 591672e... Release v1.0
Switched to branch 'master'
```

`git checkout`은 브랜치 이름이 아닌 어떤 참조라도 다룰 수 있다. 심지어는 브랜치 이름과 동일한 참조를 체크아웃할 수도 있는데, 이런 경우 의도하지 않게 분리된 상태가 될 수 있다. 예를 들어 `make-logo-bigger`라는 브랜치를 체크아웃하기 위해 `git checkout make-logo-bigger`를 사용하면 그 브랜치가 체크아웃된다. 그러나 리모트 브랜치의 참조인 `origin/make-logo-bigger`를 사용해 명령하면 브랜치가 아닌 브랜치의 헤드에 해당하는 커밋이 체크아웃된다.

마무리

지금까지 언급하지 않았던 용어 하나가 있는데, 바로 **방향성 비순환 그래프**DAG, directed acyclic graph다. DAG는 데이터 구조의 한 종류다. 각 개별 노드가 다른 노드를 가리키고 그런 참조들이 정보의 사슬을 구축하며, 작업이 진행되면서 커밋이 추가됨에 따라 나무 뿌리처럼 퍼져 나가는 모양으로 계속 자라는 구조다.

이런 종류의 그래프는 Git 브랜치를 시각화하는 데 자주 사용되며 브랜치 다이어그램을 포함하는 대부분의 Git 튜토리얼에서 쉽게 볼 수 있다.

DAG는 어느 정도 고급 개념이라 할 수 있다. 대부분의 Git 튜토리얼에선 시각적인 목적으로 DAG를 사용함에도 불구하고 핵심을 벗어나지 않기 위해 이름 정도만 언급할 뿐이다.

여기서 DAG에 대해 얘기하는 이유는 마무리하는 시점에서 이 책의 철학을 강조하기 위해서다. Git을 설명할 때 보통은 큰 그림에

초점을 맞춘다. 서로 푸시하고 풀하는 저장소의 전체 네트워크와, 브랜치가 안팎으로 흘러다니는 전체 시스템에 대해서 말이다. 그런 시도를 폄하하려는 게 아니다. 그런 식의 설명은 사실이며 극적이기도 하다. 정보 과학의 관점에서 Git은 믿을 수 없을 만큼 아름다운 시스템이라고 생각한다.

그러나 나는 시스템으로서의 Git을 볼 때 Git의 가장 훌륭한 점을 놓칠 수 있음을 알았다. 사람들은 변경을 일으키고 프로젝트를 한 발짝씩 진화시키며 히스토리를 만들어간다. 그래프는 단지 프로젝트의 다음 버전의 저장이나 변경 사항의 공유에 있어서만 중요한 게 아니다. Git을 통해 협업한 히스토리는 그래프로 모델링할 수 있다. 그러나 이는 일련의 사건 목록으로 표현할 수도 있다. 바로 '이야기'인 것이다.

인정하건대 Git 저장소는 이야기를 전하기에는 이상한 장소다. Git의 명령행 인터페이스는 이야기를 전하는 가장 자연스러운 방식은 아니다. 이 책 초반에 Git의 인터페이스는 '허술한 추상화'라고 언급했었다. 우리가 특정 명령을 실행할 때, Git은 늘 성공하진 않지만 Git 내부의 복잡한 상황을 숨기려고 노력한다. 그러나 숨기길 성공하지 못했을 경우엔 오히려 내부에서 실제로 어떤 일이 벌어지는지 알 수 있게 해준다.

그러나 Git의 창시자가 이야기를 담기 위해 만든 정보 구조만큼이나 우리가 함께한 이야기 자체도 진실되고 아름다운 것이다. 그리고 이제는 두려움 없이 그런 이야기를 할 수 있는 지식이 여러분에게 갖춰졌기를 희망한다.

결론

지금까지 이 책에선 돌에 새긴 내용을 수정하는 곤란함부터 시작해, 분리된 HEAD를 이용하는 방법까지 모든 사항을 다뤘다. 그러면서 커밋의 구성 요소, 각 커밋이 작업 버전이 되는 원리, 커밋하는 방법, 그리고 리모트, 브랜치, 그 밖의 요소들을 합쳐 새로운 풍경을 펼치는 여러 가지를 공부했다. 이로써 우리는 본연의 업무에 더 집중할 수 있게 됐다. 이제 어 북 어파트 A Book Apart 시리즈 중에서도 결코 짧은 분량이 아닌 이 책의 마지막에 도달했지만, 여전히 Git에 대한 더 많은 궁금증이 남아 있을 거라 생각한다.

그래도 괜찮다. 우리는 Git의 능력에 대해 맛만 본 것이기 때문이다. 이 책을 덮고 나서 Git의 모든 명령을 기억하는 일은 그리 중요한 게 아니다. 그보다는 Git의 사상을 이해하고, 그 결과 Git은 악한 존재도 아니고 마법과 같지도 않으며 두려워할 대상이 아니라는 사실을 알면 된다. Git은 단지 툴일 뿐이며, 적절히 사용한다면 늘 우리에게 봉사할 것이다.

그럼에도 불구하고 이 책에서 배운 명령어와 함수를 자신의 Git 워크플로를 정립하기 위한 빌딩 블록이자, 동시에 새로운 기법 연마를 위해 도약할 수 있는 발판으로 이용할 수 있길 바란다. 여러분이 하는 일에 따라 다르겠지만, 이 책이 전한 지식이 여러분의 임무를 완수하기에 충분하길, 혹은 더 나은 Git의 활용을 위한 탐구심을 갖게 되길 바란다.

참고 자료

명령어 목록

다음은 이 책에서 나오는 모든 명령에 몇 개를 더 추가한 Git 명령어 목록이다. 대괄호로 표시된 인자는 선택 사항이다.

git config [--global] <key> <value>

Git을 설정하는 명령이다. <key>는 user.email과 같은 속성 이름이며 <value>는 david@demaree.me와 같은 속성값이다. --global 옵션은 설정 내용을 홈 디렉터리에 파일로 저장함으로써 모든 프로젝트에 동일한 설정이 적용되도록 한다. 이 옵션을 빼면 오직 현재 프로젝트에만 설정이 적용된다.

git init

현재 작업 사본 안에서 새 Git 프로젝트를 만든다. 예를 들어 현재 작업 중인 웹사이트가 들어 있는 my-awesome-project라는 디렉터리 안에서 git init을 실행하면, 이 디렉터리를 바로 사용할 수 있는 새 Git 저장소로 만들어준다.

git clone <url> [directory]

해당 URL에 있는 Git 프로젝트를 로컬 컴퓨터의 새 디렉터리로 복제한다. 기본적으로 디렉터리 이름은 복제하는 저장소의 이름을 따른다. 예를 들면 https://gitforhumans.info/rails.git 저장소는 rails라는 이름의 디렉터리로 복제된다. 그러나 다른 이름을 원한다면 인자로 넘기면 된다.

git status [-s] [path/to/thing]
파일의 수정 여부, 스테이징 여부, 커밋 여부 등 작업 사본의 현재 상태를 보여준다. --short나 -s 옵션은 좀 더 요약된 출력 결과를 보여준다. git status는 기본적으로 프로젝트의 모든 상태를 보여주지만, 특정 디렉터리나 파일 경로를 지정해 그에 한정된 결과만 볼 수도 있다.

git add [--all] filename.txt
변경된 파일을 스테이징 영역에 추가함으로써 다음 커밋에 편입시킨다.

git rm folder/filename.txt
주어진 경로의 파일을 삭제하고 이 변경 사항(삭제)을 스테이징한다. 파인더 등을 통해 이미 파일이 삭제됐다면 변경 사항을 스테이징만 한다.

git mv oldpath.txt newpath.txt
oldpath.txt를 newpath.txt로 바꿔주고 변경 사항을 스테이징한다.

git reset filename.txt
git add의 반대 개념으로, 스테이징된 filename.txt를 git reset을 사용해 스테이징이 되지 않은 상태로 되돌릴 수 있다.

git commit [-a] [-m "Your message"]
git add를 사용해 스테이징한 커밋을 추가한다. --all(또는 -a) 옵션을 추가하면 작업 사본에서의 모든 변경 사항을 자동으로 스테이징하고 커밋한다. 커밋 메시지를 지정하기 위해 --message(-m) 인자를 사용할 수 있으며, 이 부분을 비워두면 기본 텍스트 에디터가 열리거나 미리 설정한 사용자의 텍스트 에디터가 열린다.

git branch [-r|-a]

모든 브랜치 목록을 보여준다. 기본적으로는 저장소의 로컬 사본에 있는 브랜치만을 보여주며, -r 옵션을 사용하면 리모트로부터 가져온 브랜치를, -a 옵션을 사용하면 로컬과 리모트 브랜치 모두를 보여준다.

git branch <branchname> [<commit>]

브랜치 이름을 인자로 해 git branch를 실행하면 그 이름으로 새 브랜치를 만들며 현재의 커밋을 시작점으로 한다. 만약 커밋 ID까지 지정하면 그 커밋을 시작점으로 한다.

git checkout [-b] <branchname-or-commit>

주어진 브랜치나 커밋에 일치되도록 작업 사본을 갱신한다. 한마디로 다른 브랜치나 커밋으로 전환시킨다. 브랜치를 체크아웃하면 그 브랜치로 전환되며 커밋을 추가할 수 있다. 커밋이나 태그를 체크아웃하면 어떤 브랜치로부터도 '분리된' 상태가 되며, 커밋을 만들 수는 있으나 커밋 ID로만 접근할 수 있게 된다.

git merge <otherbranch>

충돌이 없다면 otherbranch를 현재 브랜치로 병합시킨다. 만약 충돌이 존재한다면 otherbranch의 가능한 사항들을 모두 스테이징하며, 파일에 충돌 사항을 표시해 사용자가 직접 문제를 해결하도록 요구한다.

git remote add <name> <url>

지정한 URL에 해당하는 리모트를 로컬 Git 프로젝트에 지정한 이름으로 설정한다.

git remote rm <name>

지정한 이름의 리모트를 프로젝트 설정으로부터 삭제한다. 오직 로컬 컴퓨터에서만 리모트를 삭제하므로 모든 다른 컴퓨터나 서버에는 영향이 없다.

git push <remotename> <branchname>

branchname이라는 브랜치의 현재 상태를 remotename이라는 리모트로 푸시한다.

git pull <remotename> <branchname>

branchname이라는 브랜치의 현재 상태를 리모트로부터 로컬 사본으로 내려 현재의 브랜치에 병합한다.

git fetch <remotename>

리모트의 모든 사항을 로컬 사본으로 복사한다. git pull 명령을 실행하면 git fetch 작업은 자동으로 포함된다.

git log [--oneline] [--pretty] [<branchname-or-commit>]

현재의 커밋부터(또는 지정한 브랜치 이름이나 커밋 ID로부터) 시간 역순으로 커밋 목록을 보여준다. --pretty 옵션으로 출력 결과를 커스터마이징할 수 있다. --oneline은 많이 사용되는 출력 형식으로, 짧은 커밋 ID와 커밋 메시지를 각 라인마다 보여준다.

`git diff [--stat] [<branchname-or-commit>]`
두 커밋의 차이를 시각적으로 보여준다. `--stat`은 각 파일에 몇 번의 추가와 삭제가 일어났는지 요약해 보여주는 옵션이다.

`git tag [-a] [-m] <tagname> [<commit>]`
지정한 이름으로 커밋에 태그를 붙인다. `-a` 옵션은 만들어진 시간, 만든 사람, 메시지 등의 정보를 포함하는 주석 태그를 붙일 때 사용한다(그렇지 않은 태그는 경량 태그이며 커밋 참조 외에 다른 정보를 갖지 않는다). 주석 태그를 만들 때는 커밋의 경우와 마찬가지로 `--message/-m` 인자를 추가하기 바란다.

`git tag -d <tagname>`
태그를 지울 필요는 없지만, 만약 그래야 한다면 `git tag`에 `-d` 옵션을 붙여 실행하면 된다.

`git tag -l`
저장소에 있는 모든 태그 목록을 보여준다.

`git push --tags <remotename>`
아직 공유할 준비가 안된 태그를 실수로 공유하는 일에 대비한 안전장치로서, `--tags` 옵션을 붙이지 않으면 Git은 어떤 태그도 푸시하지 않는다.

모든 Git 명령의 완벽한 목록과 자세한 설명을 원한다면 Git 웹사이트의 문서를 참고하기 바란다(http://bkaprt.com/gfh/06-01/).

추천 Git 앱

이 책에선 Git의 사상을 이해하기에 가장 좋은 명령행 인터페이스를 중심으로 설명했으며, 여전히 처음 시작은 명령행을 사용하길 권한다. 그러나 시간을 절약할 수 있는 여러 윈도우나 맥용 앱이 있어 이를 소개한다.

GitHub 데스크톱(GitHub Desktop)

GitHub의 호스팅 서비스를 이용하든 안 하든 GitHub의 맥 또는 윈도우용 데스크톱 앱은 최고라 할 수 있다. 심지어 무료다. 변경 사항의 스테이징과 커밋, 브랜치의 생성과 전환, 리모트의 푸시와 풀을 시각적으로 작업할 수 있다. 만약 GitHub 호스팅을 받는다면 쉽게 풀 요청pull request(푸시한 변경 사항에 대해 다른 사람에게 검토를 요청하는 GitHub의 기능)이나 비교 화면을 실행할 수 있다 (http://bkaprt.com/gfh/06-02/).

타워(Tower)

79달러를 지불할 가치를 느끼는 맥 파워 유저라면 타워가 제공하는 다양한 옵션과 기능을 사용할 수 있다. GitHub 데스크톱이 기본에 충실하다면, 타워는 병합 충돌의 해결이나 입맛에 맞는 커밋 선별 등 많은 기능을 다룬다(http://bkaprt.com/gfh/06-03/).

소스트리(SourceTree)

소스트리는 타워에서와 같은 현란함은 없지만 무료이면서 GitHub 데스크톱보다는 더 강력한 기능을 원하는 사람에게 좋은 선택일 수 있다(http://bkaprt.com/gfh/06-04/).

많은 유명한 코딩 툴이 Git 연계 기능을 내장하고 있거나 플러그인을 통해 지원하므로, 사용하던 앱을 바꾸지 않아도 변경 사항을 커밋할 수 있다. 아톰Atom, 코다Coda, 서브라임 텍스트Sublime Text, 텍스트메이트TextMate, 비비에디트BBEdit, 엑스코드Xcode, 비주얼 스튜디오 코드Visual Studio Code는 모두 즉시 Git과 연계해 사용이 가능하다.

Git 호스팅 서비스

GitHub

한때 유일했으며 현재도 가장 널리 이용되는 Git 호스팅의 대명사다. 진행하고 있는 프로젝트가 있다면 아마 GitHub에서 무언가 하고 있을 가능성이 높다. GitHub는 모두가 사용하기 때문이다. GitHub가 대부분의 사람들에게 가장 좋은 선택일 수 있는 이유는, 풀 요청 등과 같이 Git을 통한 협업을 더욱 쉽게 해주는 툴과 자원, 또한 GitHub 페이지GitHub Pages와 같은 흥미로운 툴까지 제작사가 지속적으로 투자하기 때문이다. GitHub에서 비공개 프로젝트를 호스팅하려면 비용이 발생한다. 누구든 코드를 풀하거나 다운로드할 수 있으며 팀원에 한해 푸시할 수 있는 공개 프로젝트의 호스팅은 언제나 무료다. GitHub 엔터프라이즈 서비스는 가장 큰 비용이 들지만, 자체 서버에서 GitHub를 운영함으로써 최상의 데이터 통제가 가능하다(github.com).

빗버킷(Bitbucket)

GitHub만큼 화려하진 않지만 빗버킷은 개인이나 소기업의 경우 비공개 프로젝트를 위한 저장소를 제한 없이 무료로 이용할 수 있단 이점이 있다. 빗버킷에는 GitHub만큼의 방대한 커뮤니티가 있진 않다. 따라서 협업이 필요한 공개 프로젝트의 경우엔 GitHub를, 개인적으로나 소규모로 진행하는 비공개 프로젝트의 경우 빗버킷을 이용하는 방법도 좋다(bitbucket.org).

빈스토크(Beanstalk)

유료이며 비공개 프로젝트에 특화된 빈스토크는 웹 개발자를 위한 멋진 기능을 제공한다. 특히 새 코드를 저장소에 푸시했을 때 자동으로 웹 서버를 갱신해주는 개발 툴을 제공한다(beanstalkapp.com).

마지막으로, 만약 명령행에 익숙하며 데이터를 완전히 제어하고 싶거나 또는 그 밖의 괴짜스러운 작업을 즐기고 싶은 경우, 직접 호스팅을 운영하는 일도 어렵지 않다. Git의 기본 프로토콜은 SSH이므로 모든 리눅스 서버는 Git 저장소를 호스팅하는 게 가능하기 때문이다. 이와 관련해선 디지털오션Digital Ocean에서 작성한 사설 Git 서버 세팅 가이드를 참고하기 바란다(http://bkaprt.com/gfh/06-05/).

추가 정보

'명령행과 만나라(Meet the Command Line)'

댄 벤자민Dan Benjamin이 호스팅하는 이 스크린캐스트는 명령행 초보자에게 큰 리소스가 되며, 짧은 시간 안에 터미널을 통해 컴퓨터와 편하게 대화할 수 있도록 해준다(http://bkaprt.com/gfh/06-06/). 또한 플루럴사이트Pluralsight에는 Git의 설치부터 브랜치를 다루는 고급 기법과 토픽 브랜치의 재지정까지 설명하는 제임스 코박스James Kovacs의 튜토리얼이 있다(http://bkaprt.com/gfh/06-07/).

GitHub 트레이닝

이 마이크로사이트에선 슬라이드 쇼 형식의 두 가지 온라인 교육을 제공한다. 하나는 명령행 베테랑을 위한 과정이며 다른 하나는 GUI 앱 사용자를 위한 과정이다. 또한 여러 명령어를 빠르게 참조할 수 있는 PDF뿐만 아니라, 직접 명령을 연습해볼 수 있는 브라우저 기반의 Git 시뮬레이터도 제공한다(http://bkaprt.com/gfh/06-08/).

애틀라시안의 Git 튜토리얼

Git 초보자나 베테랑 모두에게 훌륭한 리소스가 되며, 깔끔한 설명과 그림을 통해 다양한 주제를 다룬다. 특히 Git 워크플로를 비교해 설명한 가이드는 매우 훌륭하다. 책에서도 언급했던 허브 모델의 자세한 설명도 볼 수 있다(http://bkaprt.com/gfh/06-09/).

타입 디자이너를 위한 Git

프랭크 그리스해머Frank Grießhammer가 타입 디자인 툴과 함께 Git을 사용하는 방법과 Git의 기본적인 워크플로를 설명한다(http://bkaprt.com/gfh/06-10/).

프로 Git

스캇 샤콘Scott Chacon의 오픈소스 서적으로, Git의 작동 원리를 제대로 이해하고 싶은 사람에게 훌륭한 참고서가 되는 책이다(http://bkaprt.com/gfh/06-11/).

유명한 Git 저장소

완전한 독일 법전을 트래킹하는 Git 저장소

이 저장소의 관리자는 '모든 독일 국민은 온라인으로 최신 법률을 확인할 수 있다. 그러나 입법 과정, 변화 이력, 수정된 부분만의 내용은 쉽고 자유롭게 추적하지 못한다'고 말한다. 법전 사본을 Git을 통해 공개함으로써 누구든 쉽게 커밋 로그를 통해 법

률이 어떻게 변경돼 왔는지 확인할 수 있다(http://bkaprt.com/gfh/06-12/).

복스 미디어(Vox Media)의 행동 강령

복스는 자신들의 행동 강령을 오픈소스화해 팀이나 커뮤니티에 의해 진화하고 발전하는, 즉 살아 있는 문서로 만들었다. 행동강령 웹사이트의 소스 코드는 GitHub에서 호스팅된다. 따라서 커뮤니티 일원은 이슈를 제기하거나, 패치를 올리거나, 또는 커밋 로그를 통해 코드의 변천사를 확인할 수 있다(http://bkaprt.com/gfh/06-13/).

타코팬시(Tacofancy)

댄 싱커Dan Sinker가 만들고 관리하는, 커뮤니티 주도의 객체 지향 타코TACO(아파치 코르도바Apache Cordova를 위한 툴) 비법 저장소다. 타코팬시는 타코를 위한 완전한 비법과 개별 타코 컴포넌트도 제공한다(http://bkaprt.com/gfh/06-14/).

코드란 무엇인가?

작가이자 프로그래머, GitHub의 열혈 사용자인 폴 포드Paul Ford(http://bkaprt.com/gfh/06-15/)가 2015년 블룸버그 비즈니스위크Bloomberg Businessweek에 기고한 '코드란 무엇인가?'(http://bkaprt.com/gfh/06-16/)에선 Git과 GitHub 관련 내용을 포함하는 장대한 아티클이다. 이 아티클의 재밌는 대화형 웹 버전이 있는데, 그 소스 코드가 GitHub에 공개돼 있다(http://bkaprt.com/gfh/06-17/).

감사의 글

이 책은 믿을 수 없을 만큼 훌륭한 어 북 어파트 편집팀과 제작팀의 도움과 격려가 아니었으면 존재하지 못했을 것입니다. 스트레스받는 수면 부족의 새 엄마가 된 케이틀 루디Katel LeDû는 놀랄 만한 침착함으로 일을 진행해줬습니다. 캐런 리더랜드Caren Litherland의 편집 지도로 이 책은 자신의 모양을 찾고, 무의미한 원고 더미에서 책다운 모습으로 바뀌게 됐습니다. 제이슨 산타 마리아Jason Santa Maria, 롭 웨이처트Rob Weychert, 론 빌로도Ron Bilodeau는 나의 글을 아름답고 읽기 쉽게 만들어줬습니다. 마지막으로 우리 모두를 이런 구렁텅이(?)로 몰아넣어 준 제프리 젤드먼Jeffrey Zeldman에게 감사드립니다.

여러 애매한 것들을 공감 가고 깔끔하게, 적당히 현학적으로 바꾸게 해준 기술 편집자인 데이비드 이David Yee에게 감사드립니다.

이 책을 쓸 기회를 줬고 2년 이상을 기다려 추천사까지 써 준 맨디 브라운Mandy Brown에게 깊은 감사를 드립니다.

이 책의 초안에 대해 많은 피드백을 줬으며, '책 벌써 끝났어?'와 같은 말로 대단히 큰 격려를 준 친구들과 동료들에게 감사드립니다. 그들은 팀 브라운Tim Brown, 폴 해먼드Paul Hammond, 모건 켈리Morgan Kelly, 샐리 케리건Sally Kerrigan, 리즈 갈Liz Galle, 제이크 길소프Jake Giltsoff, 루시 니슬리Lucy Knisley, 브램 슈타인Bram Stein, 케빈 스튜어트Kevin Stewart, 엘리엇 제이 스톡스Elliot Jay Stocks입니다.

이 책의 영감을 준, Git에 대한 불평을 내 트위터 피드에 쏟아 낸 모든 디자이너에게 감사드리며, 특히 에단 마코트Ethan Marcotte, 프랭크 키메로Frank Chimero, 수잔 로버트슨Susan Robertson에게 감사드립니다. 또한 어 북 어파트가 이 책을 출간하기만을 기다리고 있다며 재촉했던 맷 마퀴스Mat Marquis와 데이브 루퍼트Dave Rupert에게 특별히 감사를 드립니다.

Git과 GitHub의 숨은 꼰대들인 리누스 토발즈Linus Torvalds, 하마노 준Junio Hamano, 스캇 샤콘Scott Chacon, 크리스 완스트래스Chris Wanstrath, 피제이 하이엣PJ Hyett, 톰 프레스턴워너Tom Preston-Werner, 그리고 우리가 서로 공유할 수 있었던 코드와 정보를 제공한 수많은 개발자들에게 감사드립니다. 이렇게 된 모든 게 당신들 책임입니다.

나에게 어려운 문제와 씨름하는 방법을 알려줬고, 그런 지난 2년을 참아 준 제프 빈Jeff Veen, 브라이언 메이슨Bryan Mason, 라이언 카버 Ryan Carver, 그레그 빈Greg Veen, 매튜 레치스Matthew Rechs, 그리고 타입킷 팀 전체에게 감사드립니다.

마지막으로 애정과 인내와 지원을 아끼지 않은 나의 사랑하는 아내 조디Jody와, 이 책을 입에 넣기 위해 기대하고 있는 우리 아기 준June에게 감사드립니다.

참고 URL

다음은 각 장에서 사용된 단축 URL에 대한 원래의 URL을 순서대로 나열한 목록이다.

서문

http://www.frankchimero.com/archive/2014/two-sentences/
https://www.joelonsoftware.com/2002/11/11/the-law-of-leaky-abstractions/

1 버전 중심의 사고

http://www.pcworld.idg.com.au/article/129776/after_controversy_torvalds_begins_work_git_/
https://github.com/torvalds/linux

3 브랜치

https://en.wikipedia.org/wiki/Exquisite_corpse
http://www.layertennis.com

4 리모트

https://help.github.com/articles/connecting-to-github-with-ssh/
https://git-scm.com/book/en/v2/Git-on-the-Server-The-Protocols

5 히스토리

https://git-scm.com/docs/pretty-formats
https://www.atlassian.com/git/tutorials/git-log
https://www.atlassian.com/git/tutorials/inspecting-a-repository
https://www.youtube.com/watch?v=4XpnKHJAok8&t=56m20s
https://help.github.com/articles/associating-text-editors-with-git/
http://tbaggery.com/2008/04/19/a-note-about-git-commit-messages.html
https://chris.beams.io/posts/git-commit/
https://24ways.org/2014/dealing-with-emergencies-in-git/
http://www.kaleidoscopeapp.com
https://github.com/rails/rails/tree/v4.2.0
https://alistapart.com/article/git-the-safety-net-for-your-projects

기타 참고 URL

https://git-scm.com/docs
https://desktop.github.com
https://www.git-tower.com
https://www.sourcetreeapp.com
https://www.digitalocean.com/community/tutorials/how-to-set-up-a-private-git-server-on-a-vps
https://www.pluralsight.com/courses/meet-command-line
https://www.pluralsight.com/courses/git-fundamentals

https://www.atlassian.com/git/tutorials

http://git-scm.com/book

https://github.com/bundestag/gesetze

https://github.com/voxmedia/code-of-conduct

https://github.com/sinker/tacofancy

https://github.com/ftrain

https://www.bloomberg.com/graphics/2015-paul-ford-what-is-code/

https://github.com/BloombergMedia/whatiscode

찾아보기

B
branch 18, 72

C
check-in 22
check-out 22
clobbering 21
cloning 46
commit 7
conflict maker 91

D
DAG 153

F
fast-forward 85
fetch 117

G
garbage collection 51
Git 프로토콜 106

H
head commit 73
HTTPS 105
hub model 98

I
Initial commit 50

L
local copy 107

M
master branch 18
merge commit 86
merge conflict 90
merging 83

O
object 48
origin 99

P
parent commit 71

R
remote repository 98
repository 18

S
shell 35
staged 52

171

staging area 53

T
topic branch 74
tracked 51
trunk 18

V
Version Control System 17

W
working branch 74
working copy 18

ㄱ
가비지 컬렉션 51
객체 48
경량 태그 148

ㄹ
로그 필터링 128
로컬 사본 107
리모트 97
리모트 URL 103
리모트 저장소 98

ㅁ
마스터 브랜치 18

ㅂ
방향성 비순환 그래프 153

버전 관리 시스템 17
베어 저장소 100
병합 83
병합 충돌 90
병합 커밋 86
복제 46
부모 커밋 71
분리된 HEAD 152
브랜치 18, 72
브랜치 추적 116

ㅅ
셸 35
스테이징 53
스테이징 영역 53

ㅇ
오리진 99

ㅈ
작업 브랜치 74
작업 사본 18
저장소 18
주석 태그 148

ㅊ
체크아웃 22, 150
체크인 22
초기 커밋 50
충돌 마커 91
충돌 영역 92

ㅋ

커밋 18

커밋 ID 53, 129

커밋 메시지 132

커밋 목록 124

커밋 비교 140

클로버링 21

ㅌ

태그 146

토픽 브랜치 74

트렁크 18

ㅍ

파일 삭제 58

파일 이름 변경 61

패스트 포워드 85

페치 117

푸시 98

푸시 거부 114

풀 98

ㅎ

허브 모델 98

헤드 커밋 73

히스토리 123

어 북 어파트 소개

웹디자인은 다방면의 폭넓은 지식과 고도의 집중력이 필요한 작업입니다. '어 북 어파트 A Book Apart' 시리즈는 웹사이트 제작자를 위한 것으로, 웹디자인과 관련된 최신 이슈와 필수적인 주제를 멋스럽고 명료하게, 무엇보다 간결하게 다루고 있습니다. 디자이너와 개발자들은 낭비할 시간이 없기 때문입니다.

또한 웹사이트를 제작하는 데 있어 까다로운 문제를 좀 더 쉽게 이해할 수 있도록 실마리를 제공, 궁금증을 해결해주고 실제 작업에 활용할 수 있도록 최선을 다하고 있습니다. 웹 전문가들에게 필요한 툴을 제공하고자 하는 우리의 의지를 성원해주셔서 감사합니다.

웹액츄얼리코리아 소개

웹액츄얼리코리아(주)는 2008년 4월 설립된 웹디자인 관련 출판 미디어 회사입니다. 웹디자인과 웹기술 분야를 전문적으로 다루며, 인터넷 매거진과 웹디자인 에이전시도 운영하고 있습니다.

2008년부터 '스매싱 매거진 Smashing Magazine', '어 북 어파트 A Book Apart' 등 글로벌 웹 디자인계에서 최고 인기를 얻고 있는 출판사들과 독점 판권 계약을 맺고 있으며, 해외의 실력 있는 정상급 디자이너와 개발자들이 집필하는 최신 트렌드를 다룬 도서를 주로 번역, 출간하고 있습니다.

지금까지 출간한 책으로는 《웹디자이너를 위한 HTML5》, 《웹디자이너를 위한 CSS3》, 《모바일 우선주의》, 《반응형 웹디자인》 등 '어 북 어파트' 시리즈 외에 글로벌 모던 웹디자인 최고 실용서인 《스매싱 북 1, 2》, UX/UI 전문가들의 웹사이트/앱 제작 툴인 《스케치》, 전 세계에서 사랑받고 있는 CMS 툴인 워드프레스 한글판 가이드 《워드프레스 제대로 파기》등 다수가 있습니다.